PRAISE FOR *THE DREAM OF EVERY CELL*

Maricela Guerrero's *The Dream of Every Cell* is one of the great collections of the Anthropocene, a bold literary work that captures the complexity and urgency of science and nature in poetic form. In Robin Myers' skilled translation, one of the major works of contemporary Mexican poetry finds new life and new forms in the English language. *The Dream of Every Cell* is the perfect bilingual book, a major intervention in the poetic tradition of both languages.

—Ignacio Sánchez Prado

A beautiful book filled with images of nature, memory, and life itself. The natural world unfolds in Guerrero's language, returning to childhood in the figure of Ms. Olmedo, and goes on to gorgeously depict a world in which political reality, its urban forms, its interpretations, collide with nature. A lovely book. I know I'll be seeking out more of Guerrero's work. Highly recommended.

—Julieta Venegas

If the latest discoveries have shown us the complex networks of communication among plants, Maricela Guerrero's poetry reveals not only this dialogue, but also the creation and development of language and the contact it makes possible: resignifying the linguistic realm through this capacity to realign the world; to remember and recover the wisdom of women kin, teachers, and the language of nature; and to experience the body as a means of understanding our relationship with the world around us.

—Mónica Nepote

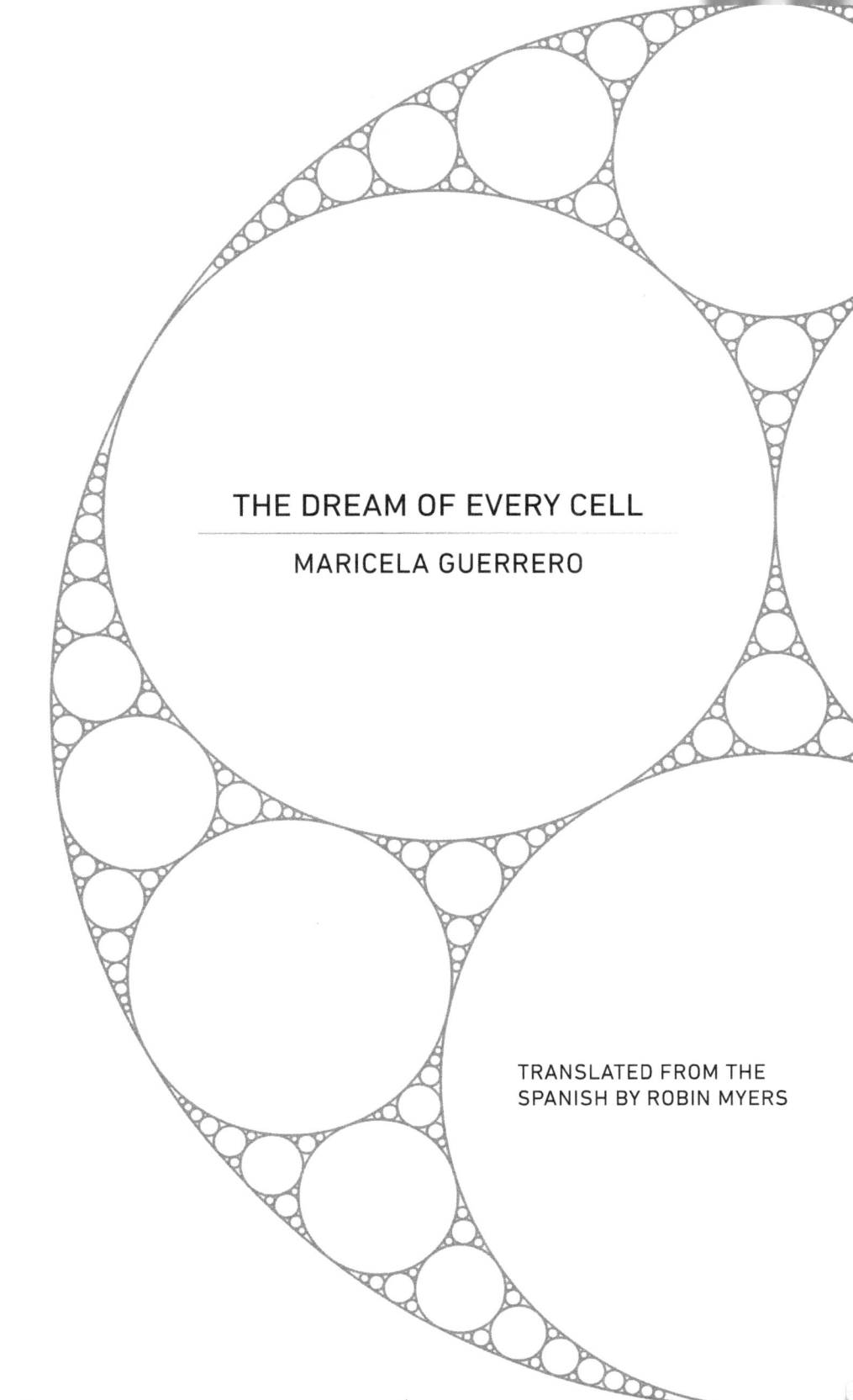

THE DREAM OF EVERY CELL

MARICELA GUERRERO

TRANSLATED FROM THE
SPANISH BY ROBIN MYERS

CARDBOARD HOUSE PRESS
www.cardboardhousepress.org
cardboardhousepress@gmail.com

THE DREAM OF EVERY CELL / EL SUEÑO DE TODA CÉLULA
Originally published in Spanish in 2018
by Ediciones Antílope/Instituto Veracruzano de la Cultura
© Maricela Guerrero
Translation © 2022 Robin Myers
Designed by Mutandis

First Edition, 2022
Printed in the United States of America
ISBN 978-1-945720-26-0
Distributed by Small Press Distribution
www.spdbooks.org
All rights reserved

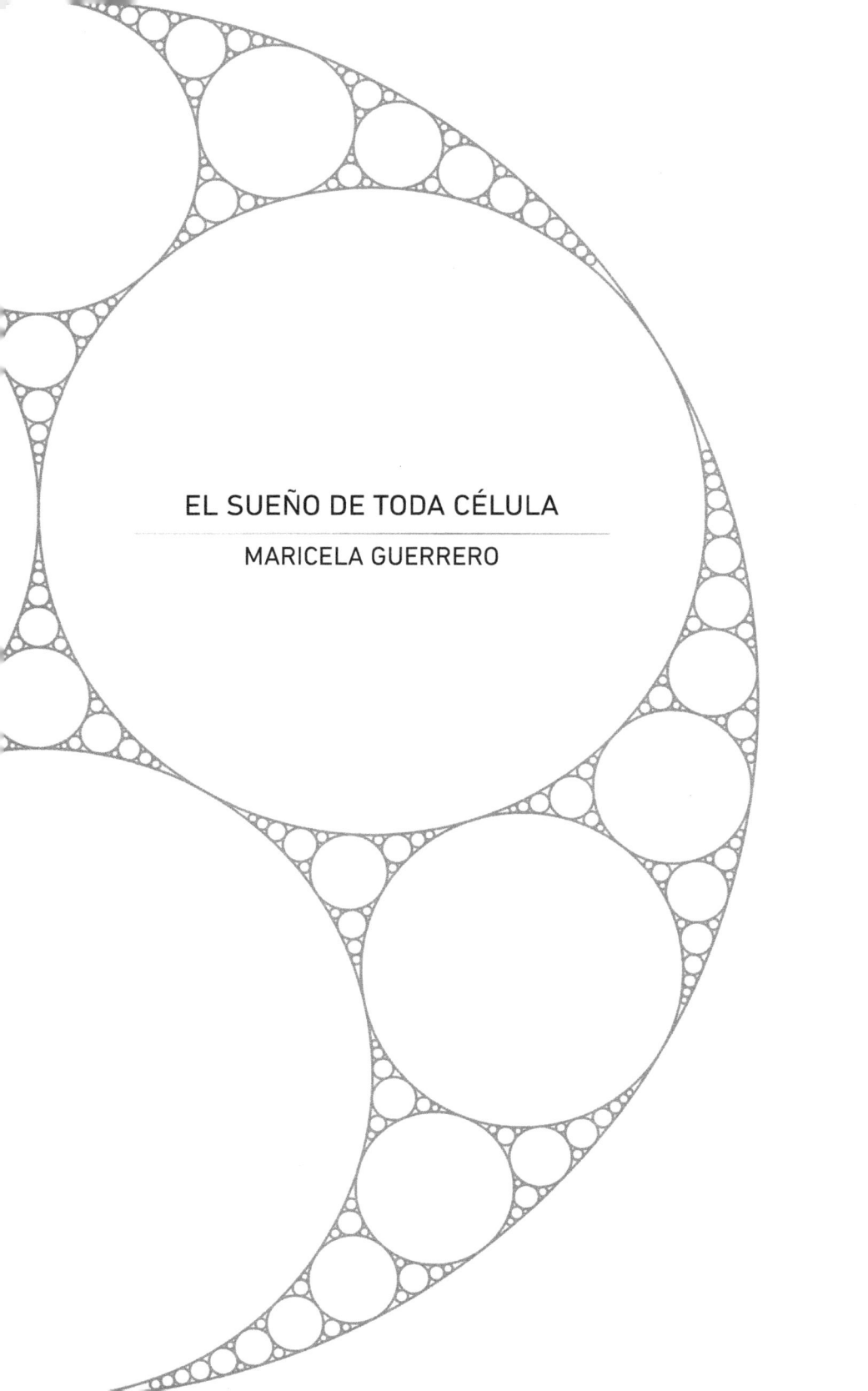

EL SUEÑO DE TODA CÉLULA

MARICELA GUERRERO

Para Marisa Sofía y Eliseo Antonio que pintan árboles.

A las personas y comunidades que cuidan y defienden bosques, selvas, montañas, ríos, hielos y mares de las extracciones del imperio, con admiración y profundo respeto.

Agradecidamente para todas las maestras con quienes he conversado alrededor de células, bosques, lobos y ciudades.

For Marisa Sofía and Eliseo Antonio, who paint trees.

For the people and communities who care for and defend the forests, jungles, mountains, rivers, glaciers, and oceans subjected to the extractions of empire, with admiration and profound respect.

Gratefully, too, for all my maestras and our conversations about cells, forests, wolves, and cities.

Decíamos cielo y florecían las lilas
los racimos, los pastizales,
crecían los niños.

Mónica Nepote

> We said sky and the lilies bloomed
> the flowering trees, the meadows,
> the children grew.
>
> Mónica Nepote

Célula quiere decir hueco:
como una hoja para ser escrita.

Cell means space:
like a leaf, a page to write on.

Maestra Olmedo

Todos los organismos están compuestos de células, menos los virus.

Ms. Olmedo

All organisms are made of cells, except for viruses.

De la voz

La recolección decía con una voz que subía y bajaba del grave al grave al agudo agudísimo: agudeza de botánica de bióloga, oropéndola de la recolección decíamos: anotar el nombre común y la forma de las hojas recordar: yo recuerdo un patio con árboles centrales yo recuerdo un aire fresco: yo recuerdo, decía cuando esto eran milpas cuando se transitaba en trajineras: las hojas, recuerden no había sustracciones; y recuerdo idílicamente, aunque puede que me falle la memoria: Carmen Miranda; recordar las líneas de las hojas sus formas sus bordes recuperar semillas de ser posible y anotarlo todo y los nutrientes; y su voz variaba con aleatoriedad con elegancia de ave musitando cantos para que aprendiéramos algo: lo que fuera Olmedo, la maestra Olmedo con copete con zapatilla baja con sus uñas redondas y pintadas a la moda con peinado de salón subía y bajaba del 23 de diciembre de 1930 a los últimos días de los ochentas zarandear *O que e qué a baiana tem?* para pensar en la recuperación de flores en las semillas de Vailov: yo recuerdo que sueño que alguna vez nos contó esa historia del hambre también debió haber dicho algo de las sustracciones, aunque no recuerdo el hambre porque para entonces la etapa del miedo parecía cosa pasada, pero una nunca sabe sólo se recuerda lo que los libros de biología enumeran las leyes de la herencia de Mendel y que entre microscopios, cajitas de Petri, la voz de Olmedo subía y bajaba para decirnos: yo recuerdo; y era cálida y verde y tenía alegre el corazón y una voz que iba y venía para explicarnos del origen y la continuidad de la vida. Y un día nos dijo el sueño de toda célula es devenir células, y millones de ellas participan de esta: nuestra respiración.

On Voice

The recollection spoke in a voice that rose and fell from low to low to the highest high: the heights of botany of biology, the golden oriole of memory we said: jotting down the common names and the shapes of the leaves, remember: I remember a yard with trees in the middle I remember a cool breeze: I remember said the voice when all of this was milpas when people moved about in wooden boats: the leaves, remember, there was no subtractions; and I remember blissfully, although my memory may fail me: Carmen Miranda; remember the lines on the leaves their shapes their edges collecting seeds when possible and writing it all down and the nutrients; and her voice shifted randomly elegantly like a bird murmuring songs so we'd learn something: anything Olmedo, my teacher Ms. Olmedo with a salon-grade pompadour and low heels and chic round painted nails who rose and fell from December 23, 1930 to the 1980s' final days, strutting *O que e qué a baiana tem?* so we'd think of the flowers recovered by Vavilov's seeds: I remember I dreamed she once told us the story of hunger she must have also told us something about subtraction, although I don't remember hunger because the fear-phase seemed like a thing of the past by then, but you never know you only remember what the textbooks list and Mendel's laws of inheritance and Ms. Olmedo's voice rising and falling amid microscopes and petri dishes to tell us: I remember; and she was warm and green and her heart was full and she'd come to tell us about the origin and continuity of life. And one day she told us that the dream of every cell is to become more cells, and millions of them take part in this: our breath, a wave of memory

La maestra Olmedo

La maestra Olmedo enseñaba ciencias y nos dio las bases de la taxonomía y un método para recolectar, resguardar y clasificar especies vegetales. También nos dijo que un árbol no es individuo sino que forman una red.

La maestra Olmedo con su voz de subida y de bajada nos llevó al lenguaje de humus de nitrógeno de nutrientes y de canción de cuna bajo los lentes del microscopio.

La maestra Olmedo nos puso en contacto con palabras como Linneo, mitocondria, clorofila, dicotiledónea, un tal Luca Ghini, el sr. Hook y las abuelitas. Una vez en el laboratorio del tercer piso a un grupo muy selecto nos mostró un feto de cuatro semanas y otro de un caballo. En otra ocasión nos enseñó a usar los microscopios: el sueño de toda célula es devenir célula. Células que devienen de organismos que reproducen sus formas: células para las formas de la reproducción y el devenir de las especies.

Esta noche, a dieciséis kilómetros hacia el sur y a cuarenta y siete minutos de distancia, las células de la maestra Olmedo se debaten entre devenir o no y llueve mucho más de lo que esperábamos.

Ms. Olmedo

Ms. Olmedo was the science teacher and she taught us the basics of taxonomy and a method to collect, protect, and classify plant species. She also told us that a tree isn't an individual, but part of a network.

Ms. Olmedo led us with her rising and falling voice into the language of humus of nitrogen of nutrients and lullabies under the microscope lens.

Ms. Olmedo put us in touch with words like Linnaeus, mitochondria, chlorophyll, dicotyledon, one Luca Ghini, Mr. Hook, and our grandmothers. Once on the third-floor lab she showed a very select group of us a fetus at four weeks and a horse fetus too. Another time she taught us how to use a microscope: the dream of every cell is to become more cells. Cells that come from organisms that reproduce their shapes: cells for the shapes of reproduction and the species' own becoming.

Tonight, 16 kilometers south and 47 minutes away, Ms. Olmedo's cells debate whether to become or not and it's raining much harder than we expected.

Olmedo

Viene de *olmo*, es un conjunto de árboles que no dan peras:
los apellidos
con nombres de árboles son ancestrales:
igual que los de los oficios y los patronímicos:

Olmo.

Rastrear apellidos es una forma útil de tender las redes que involucran a personas y otras personas, también podemos considerar que asumir un apellido es una de las formas más antiguas de clasificar.

La maestra de biología tenía un apellido de un conjunto de árboles que no dan peras:

historias y formas de clasificación que entonces no sabíamos cuánto nos harían falta para recuperar y crear nuevas redes que nos protegieran de las sustracciones.

OLMEDO

From *olmo*, elm, a group of trees where pears will never grow
(as the saying goes in Spanish: an advisory against the impossible):
surnames
with trees in them are ancient,
just like the names with jobs in them, and patronymics:

Elm.

Tracing the roots of names is a useful way to weave the web that connects people to other people. We might also consider how taking a surname is among the oldest forms of classification.

The biology teacher was named after a group of trees where pears will never grow:

stories and forms of classification we didn't yet realize how urgently we'd need to recover and weave new webs to protect us from subtraction.

Introducciones

Aquí a 557 kilómetros de distancia al este en dirección hacia el camino mexiquense, siguiendo instrucciones del localizador durante siete horas y treinta y tres minutos sin detenerme podría llegar a un bosque en el que desde 1976 se dejaron de ver lobos, el *Canis lupus baileyi* cuyo peso podría variar de 25 a 47 kilos, casi como mi hijo mayor que este otoño cumplirá 12 años.

Ahora introdujeron compañías constructoras extranjeras que derribarán árboles y traerán progreso, una vida mejor y drenaje y servicios para usted y su familia, ¡deje de pagar renta y hágase de un patrimonio! Dice su oferta donde un hombre blanco abraza a una mujer trigueña y los dos amparan a un niño y una niña muy sonrientes.

A siete horas y veintitrés minutos, por la carretera internacional a Oaxaca y después tomando hacia Tehuantepec, siguiendo instrucciones podríamos llegar a San Pedro y San Pablo Ayutla que colinda con Tamazulapam del Espíritu Santo. Los dos pueblos pelean por mover límites y un manantial.

Ayutla apela a un mapa que localizaron en el archivo Orozco y Berra: plano del pueblo de Ayutla, Distrito de Villa Alta del año 1907 con medidas de 47x73 centímetros, varilla: CGOAXX01 con número de clasificación: 3055-CGE-7272; ahí queda claro que el manantial deviene y augura paz.

Han pasado más de cuarenta días y el manantial sigue bajo resguardo de personas armadas y muchas células se plantean preguntas en lenguas inusitadas y minerales. En variadas lenguas vernáculas se plantean preguntas a los lagos y las montañas, en muchas lenguas, millones de células piden paz y devenir.

Devenir lengua en agua que fluye:
sílabas, sonidos, fonemas que en combinaciones

INTRODUCTIONS

Here, 557 kilometers east, heading toward the Mexico State Beltway, following GPS directions for seven hours and 33 minutes without stopping, I could reach a forest where no wolves have been sighted since 1976, the *Canis lupus baileyi*, whose weight can range between 55 and 104 pounds, or roughly the weight of my first child, who turns 12 years old this fall.

Now foreign construction companies have been brought in to fell trees and bring progress and a better life and drainage and services for you and your family: stop paying rent and become a homeowner! says the ad where a white man embraces an olive-skinned woman and they reach protective arms around a beaming boy and girl.

After seven hours and 23 minutes on the international highway to Oaxaca and then turning toward Tehuantepec, following directions, we could reach San Pedro y San Pablo Ayutla, which is adjacent to Tamazulapam del Espíritu Santo. The two towns dispute municipal lines and a natural spring.

Ayutla uses a map that was found in the Orozco y Berra archive: a blueprint of the village of Ayutla, District of Villa Alta, 1907, measuring 47x73 centimeters, corresponding to file cabinet label CGOAXX01 and classification number 3055-CGE-7272, clearly conveying that the spring becomes and augurs peace.

More than 40 days have passed and people with guns still patrol the spring and many cells ask questions in unusual mineral languages. In varied vernacular languages they ask questions of the lakes and the mountains; in many languages, millions of cells seek peace and becoming.

Becoming words in flowing water:
syllables, sounds, varied and unusual combinations

inusitadas y variables
resuenan
como un conjunto de árboles:
alamedas, pinales, plantaciones, bosques, selvas:
el baldío de al lado:

resonar respiración compartida: aliento
sin congoja ni estrujamientos:
alivio a millones de años luz:
tus ojos
tus pestañas,
imagínate decía Olmedo:
expandir el corazón: brotan manantiales en difusas y posibles
lenguas en químicas orgánicas e inorgánicas y los pulmones y el
baldío de al lado habitan:
aire compartido:
células soñando con células
mórulas
sábila
yerbabuena
olmo
arce abeto
lobo
no estamos solos:

Estamos
aquí.

of phonemes
resounding
like a group of trees:
poplars, pine groves, crop fields, jungles, forests:
the vacant lot next door:

shared breath resounding: breath
ungasped, unanguished,
a respite millions of light years away:
your eyes,
your eyelashes,
just imagine that, Ms. Olmedo would say,
your heart expanding: springs springing forth in hazy and possible
languages in organic and inorganic chemicals and lungs and the
vacant lot next door inhabit:
shared air:
cells dreaming of cells
morulas
aloe vera
peppermint
elm
fir and maple
wolf
we're not alone:

we
are here.

Anotar con cuidado

Más allá de lo sobresaliente
es necesario sembrar la idea de que la forma de las hojas no es
anotada con cuidado, decía la maestra Olmedo,
cuando se trata de arrasar:

se olvidan los nombres

y ahora recordamos que ella no dio clases en todas partes:
y en la lengua del imperio no se ha dicho suficiente que los métodos
de clasificar y describir son hermosos en sus formas de cuidado:

que los derribadores
no supieron cómo se germina una plántula
ni cómo se clasifica,

ni cómo el clavo envuelto en algodón disminuye un dolor de muelas
amistosamente.

un día de estos reconoceremos en lenguas vernáculas cómo aligerar
la lengua del imperio y sacudirla:

Taking Careful Notes

Beyond what's prominent
we have to plant the idea that the shape of the leaves isn't carefully
noted, Ms. Olmedo used to say,
when it comes to destruction:

the names are forgotten

and now we remember that she didn't teach everywhere:
and it hasn't been said often enough in the language of empire that
the methods of classification and description are beautiful in the
care they take:

that the tree-fellers
didn't know how a seedling germinates
or how it's classified,

or how a clove swaddled in cotton eases toothaches in a friendly way.

one of these days we'll recognize in vernacular languages how to
lighten the tongue of empire and shake it out:

Creek State Park

Una mujer evitó durante poco más de 738 días que derribaran una secuoya que tenía más de mil anillos de diámetro y que en 1492 cuando Cristóbal Colón llegó a América ya tenía más de 500 años respirando en la Tierra. El parque donde se hallaba la secuoya de 60 metros se encuentra a 43 horas de recorrido desde aquí hacia el noroeste sin detenciones, se llama Grizzly Creek Redwoods State Park, de California.

Para llegar ahí pasaríamos por Querétaro, San Luis Potosí, Fresnillo, Ojocaliente, Torreón, Delicias, Saucillo, Agua Prieta, Casas Grandes y tendríamos que atravesar la frontera para luego entrar a Arizona y pasar por Los Ángeles y San Francisco.

La ruta de planificación tiene advertencias:

> *Estas indicaciones se ofrecen solamente para planificación. Es posible que, por obras de construcción, por el clima, por el tráfico o por otros factores, el estado de las rutas difiera de los resultados del mapa; por lo tanto, recomendamos tener en cuenta estos aspectos al planificar tu ruta. Debes respetar todas las señales y los avisos relacionados con la ruta.*

Seguramente la Maxxam Corporation compró el terreno donde se hallaba la secuoya y a estas alturas seguramente ya sepa que estamos escribiendo de ella y en algún momento tome cartas en el asunto; porque las grandes compañías que hablan en lengua del imperio pretenden ignorar el sueño de las células y los lobos.

CREEK STATE PARK

For just over 738 days, a woman prevented the destruction of a sequoia that measured more than a thousand rings around and which had already spent more than 500 years breathing on Earth by the time Christopher Columbus reached the Americas in 1492. The park where the 60-meter sequoia stood is a 43-hour drive northeast from here if you don't stop along the way. It's called Grizzly Creek Redwoods State Park and it's in California.

To get there, we'd pass through Querétaro, San Luis Potosí, Fresnillo, Ojocaliente, Torreón, Delicias, Saucillo, Agua Prieta, and Casas Grandes, and we'd have to cross the border into Arizona and drive through Los Angeles and San Francisco.

The projected route issues its warnings:

> *These directions are designed for planning purposes only. Due to roadwork, inclement weather, traffic, or other factors, travel conditions may differ from the map results; we recommend you keep these factors in mind when planning your route. You must obey all signage and advisories associated with the route.*

The Maxxam Corporation must have bought the land where the sequoia stood and must know by now that we're writing about it and sooner or later it's sure to take matters into its own hands, because big companies that speak the language of empire always disregard the dreams of cells and wolves.

La forma de las hojas

La maestra Olmedo nos mostró un método
que podríamos seguir alrededor del árbol y de la forma de las hojas:

para distinguir si vienen en foliolos varios o en una sola que llamaríamos simple:

por su forma:

    aciculares, redondas, lineares, oblongas, elípticas, acorazonadas, ovadas, lanceoladas, oblolanceoladas.

    [Un día nos puso a dibujar un catálogo de la forma de las hojas con la técnica que gustásemos: ¡gustásemos es lindo!: acuarela, óleo, hacer fotografía, carbón, lo que sea con tal de considerar la forma de las hojas como una forma de recuperarnos. De resistir el miedo a las sustracciones y la pérdida de los grandes depredadores: dibujar hojas y árboles es respirar: gustamos.]

por su borde:

    liso, dentado o lobulado.

También hizo hincapié en que pese a las miles de clasificaciones las formas varían y que tal vez, muy probablemente, las hojas no encajen totalmente con esta clasificación.

Que recolectar hojas y reconocer árboles es una forma hermosa de resistir: devenir sueño de células: dibujarlas y respirar.

Ahora que estás aquí: dibujemos un olmo chino:

que nos recuerde el camino rumbo a la escuela y los días en que podíamos ver cerros.

THE SHAPES OF THE LEAVES

Ms. Olmedo showed us a method
we could use to study trees and the shapes of the leaves:

to determine whether they came in multiple leaflets or in just one we could call simple:

by shape:

>acicular, round, linear, oblong, elliptical, heart-shaped, ovate, lanceolate, oblanceolate.

>[One day she had us draw a catalogue of leaf-shapes using any technique we liked: we love liking!: watercolor, charcoal, oil, photography, anything, as long as we treated leaf-shapes as a way to recover ourselves. As a way to fight against the fear of subtraction and the loss of large predators: to draw leaves and trees means to breathe: we like it.]

by edge:

>smooth, serrated, lobulate.

She also stressed that leaf-shapes vary in spite of their many thousands of classifications and that maybe, very probably, the leaves wouldn't correspond exactly to a single class.

And that collecting leaves and recognizing trees is a beautiful form of resistance: of becoming cell-dreams: of drawing them and breathing.

Now that you're here: let's draw a Chinese elm:

let it remind us of the way we walked to school, the days when we could see the mountains in the distance.

Una llamada telefónica nos informa que a dieciséis kilómetros de distancia una bacteria ha invadido algunas células de la maestra Olmedo y hay un virus acechando.

Miro en tus ojos el miedo siento en mis rodillas el miedo: lo abrazamos y tarareamos una canción de cuna hasta quedarnos dormidos.

A phone call tells us that, 16 kilometers away, bacteria have invaded certain cells inside Ms. Olmedo's body and there's a virus on the prowl.

I see fear in your eyes I feel fear in my knees: we hold it close and hum a lullaby until we fall asleep.

REINO *PLANTAE*

Una célula proviene de una célula desde el principio de las células.

Kingdom *Plantae*

A cell has come from another cell since the very beginning of cells.

DÁTILES

Anda tú a saber de dónde una palmera de dátiles acá en estos días, en estos extremos en el baldío de al lado: y la locura del viento y la lluvia: oronda la palmera creciendo una vez una poeta argelina nos trajo una cajita de dátiles dulces y brillantes también me pidió que me cuidara, la palmera de dátiles crece y no parece añorar el desierto, no ostenta angustia y sí da frutos y se cuida como si planteara una idea de huida y vuelta a la revolución de los dátiles, salir a las calles a resistir, palmeras de dátiles en esta ciudad para decir que es posible la revuelta y alimentar esperanzas impensadas en el mar en el desierto en la ciudad en el palmar de Elche.

A unas horas de aquí, después de varias conexiones en aeropuertos se encuentran Estambul y los países del Magreb:

Un dátil contiene 21 gramos de agua y vitamina C para resistir y alimentarse en el desierto. La palmera datilera es edulcorante, setenta por ciento de toda ella es azúcar. Dátil proviene de *daktylos*, dedos para apuntar estados y naciones que se hallan en guerra y resistencia contra las extracciones de hidrocarburos y sangre: con carbohidratos, potasio, hierro y fósforo, vitamina A, riboflavina; la palmera datilera y su frutos resisten traslados e intercambios un dátil es posible y necesario en la extranjería, quizá lo mismo que nopaleras en tierras asiáticas o africanas, la biodiversidad que se resiente de traslados calculados en oficinas agroeconómicas donde no hay voces que disientan: es extraño: qué haremos para escuchar el disentimiento sin combatirlo si no dejarlo fluir como una experiencia hermosa de permanecer aquí y ahora:

[estamos juntos y abrazamos el miedo, nos colgamos de las ubres de una loba que nos alimenta y nos serena:
nos echa a su lomo y respiramos:]

DATES

Who knows how a date palm could possibly have ended up all the way over here in these wild times in the vacant lot next door: and the madness of the wind and the rain: the palm tree pleased and plump: once an Algerian poet brought us a little box of sweet gleaming dates and asked me to take care of myself; the date palm grows and doesn't seem to miss the desert, doesn't flaunt distress and does bear fruit and takes care of itself as if planting an idea of escape, a return to the revolution of dates, as if planning to take to the streets and resist; date palms in this city as if to say that rebellion is possible and to nourish hopes unthought in the ocean in the desert in the city in the palm grove of Elche.

Some hours away, after several flights and connections, we'd find Istanbul and the countries of the Maghreb:

A single date contains 21 grams of water and vitamin C for resisting and sustaining itself in the desert. The date palm is a sweetener, composed of seventy percent sugar. Date comes from *daktylos*, fingers used to point out states and nations enmeshed in war and resistance against the extraction of blood and hydrocarbons: with carbohydrates, potassium, iron, phosphorous, vitamin A, riboflavin; the date palm and its fruit resist transfers and exchanges: a date is possible and necessary in foreignness, perhaps as prickly pear patches are necessary in Asia or Africa, the biodiversity that suffers the kinds of transfers calculated in agroeconomic offices where no dissenting voices sound: it's strange: how will we listen to dissent without combatting it other than just letting it flow forth like some beautiful experience of staying here and now:

[we're here together and we embrace the fear, we cling to the teats of a she-wolf who feeds us and lulls us to sleep:
she nestles us onto her back and we breathe:]

Dátiles hervidos en leche limpian las vías respiratorias.
Dátiles llevados a la boca de los amantes son afrodisíacos.
Dátiles para resistir
en Canarias
África y Extremo Oriente
y en el baldío de al lado:

Dates boiled in milk clean out the respiratory tracts.
Dates brought to lovers' mouths are aphrodisiacs.
Dates for resisting
in the Canary Islands
and Africa and the Far East
and the vacant lot next door:

Reacciones metabólicas

Se trata de un tema de comunicación: agudezas de ingenio y oscuridad y luz e intranquilidad: transformación producir azúcares sin resabios sin contaminantes.

Un contaminante es una sustancia que excede sus niveles: es decir que estaba ahí, aunque todo tiene un límite y si se sobrepasa, acontecen eventos no deseados: excesos de azúcar, de dióxido de carbono, de ácidos, de azufre: sulfatos exceso de agua en los pulmones no lo llamamos contaminación, pero parece: inundaciones diques presas que ahogan pueblos: casas en nombre de compañías constructoras, mineras sustractivas, excesos; en todo caso se trata después de aclarar de volver a acomodar y no siempre salir huyendo.

[Vamos en el lomo de una loba bosque arriba.]

Ahora voy detrás de algo o alguien que huye por los rápidos que se han formado en esta ciudad de terreno accidentado: y no es fluir es sólo ir persiguiendo y ya no se trata de eso que es angustia. Me quedo sin aire: sólo persigo una forma una presencia que me duele: una célula que se está quedando sin vida que detiene su intercambio biomolecular y duele mucho.

Sulfatos sulfuros: cómo reducir el impacto de los excesos de los venenos, en las palabras las cosas que dijimos, lo que terminamos haciendo: exceso de encono y mala voluntad, imaginación desaforada: nos vale más la realidad, la percepción de lo que hay: esta tarde te veo así en tu belleza celular y descifro los excesos de las palabras, los colecciono, los acomodo: hermosura en ebullición: un deshuesadero de autos: ordenados por colores, por formas, por fechas y por eventos catastróficos ocupan el lugar que les corresponde: y sé que cada uno de ellos es una posibilidad de abrazarte, de serenar, de limpiar la biósfera: percibo tu respiración, recuerdo tus palabras, los pasos vacilantes de tus primeras correteadas: resistir y refrenar en mantos

METABOLIC REACTIONS

It's about communication: keennesses of ingeniousness and darkness and volatility and light: transformation producing sugars without aftertastes or contaminants.

A contaminant is a substance that exceeds threshold levels: which is to say, it was there, although everything has a limit and if outstripped, undesired events transpire, excesses in sugar, in carbon dioxide, in acids, in sulphur: sulphates excess water in the lungs we don't call it contamination, but it seems to be: floods dikes dams drowning towns: houses in the name of construction companies, subtractive mining companies, excesses; in any case it's about clarification after the fact of putting things back in place and not just running for the hills every time.

[Let's ride on a she-wolf's back up the mountainside.]

Now I'm moving behind someone or something who's fleeing on the rapids that have surged in this city of uneven terrain: and it's not flowing it's just chasing and it's not about that anymore which is to say anguish. I'm left breathless: I'm just chasing a shape a presence that hurts me: a cell that's being left lifeless that's halting its biomolecular exchange and it hurts a lot.

Sulphates sulfides: how to reduce the impact of the excess poisons, in the words the things we said, what we ended up doing: an excess of spite and ill will, of frenzied imagination: we're more into the reality, the perception of what's there: this evening I see you this way in your cellular beauty and decipher the words' excesses, collect them, arrange them: beauty aboil: a junkyard: cars organized by color, by shape, by date, and by catastrophic events, occupying the place that corresponds to them: and I know that each and every one is a chance to embrace you, to calm, to clean the biosphere: I perceive your breath, remember your words, the shifting steps of your first mad

acuíferos: extraer los contaminantes los excesos y ordenarlos: que la belleza de su exceso fulgure y se transforme en otra cosa aquí cerca o tan lejos como el palmar de dátiles de Elche o el baldío de al lado: pienso en ti y en las cosechadoras de jazmín pienso en la forma en que dibujas en que llevas el lápiz o la pluma en que iluminas una orilla en que trazas formas de hojas y árboles frutales.

Percibo entonces todas las reacciones metabólicas de los billones de células de la loba que nos echa a su lomo y nos lleva bosque arriba. Respiramos juntos y la angustia es un animal que se echa a nuestro lado y duerme.

dashes: resisting and restraining in underlying aquifers: extracting the contaminants the excesses and arranging them: may the beauty of their excess gleam and be transformed into something else close by or as far away as the date palms of Elche or the vacant lot next door: I think of you and the jasmine-harvesters I think of how you draw how you hold the pen or pencil how you illuminate an edge where you sketch shapes of leaves and fruit trees.

Then I perceive all the metabolic reactions of the billions of cells inside the she-wolf who nestles us onto her back and carries us up the mountainside. We breathe together and anguish is an animal that curls up next to us and sleeps.

¿El abedul y el abeto?

En tanto que científica, una mujer canadiense, se hizo la siguiente pregunta: ¿Cómo se comunicaban el abedul y el abeto?

Planteó un problema y lo resolvió con un método y un orden de investigación. Resulta que el abedul y el abeto no sólo se hablaban en el idioma del carbono sino en nitrógeno y fósforo y agua y en signos defensivos, en alelos químicos y hormonas a través de redes de hongos diminutos y bacterias.

Resulta que hay familias de árboles que debajo de las ramas en su lengua de átomos, moléculas y enlaces se convierten en formas novedosas de la vida: fósforo, nitrógeno, carbono; que se reparten los nutrientes, que se cuidan su crecimiento y se procuran; aunque a veces transmiten información equivocada, es el azar y la contingencia: son las células, lo que no sabemos; por eso hay que dejar ventanas abiertas.

La lengua de los árboles y plantas en sus voces de química orgánica inorgánica con sus enlaces de carbono e hidrógeno y agua, nitrógeno, fósforo, viento y energía: hablan azarosamente, y ahora recuerdo que es hermosa la forma en que ustedes sonríen, en que ella sonríe, en que río y reímos juntos cuando el azar: es valiente y generosa la forma en que ustedes se plantan en el mundo en que reposan y se expanden y devienen hojas y lobos: sabemos que no estamos solos: aunque el olor de los hidrocarburos y metanos no ha cesado en la ciudad a más de 50 km a la redonda.

The Birch and the Fir?

Scientist that she was, a Canadian woman asked herself the following question: how do the birch and the fir communicate?

She posed a problem and solved it with a research method. As it turns out, the birch and the fir converse not only in the language of carbon, but also in nitrogen and phosphorous and water and defensive signs, in allelochemicals and hormones through networks of tiny mushrooms and bacteria.

It turns out that there are families of trees who, beneath their branches, in their language of atoms, molecules, and bonds, become new forms of life: phosphorous, nitrogen, carbon; that they distribute nutrients to each other, that they take care of and tend to each other as they grow; although they can transmit mistaken information, that's chance and possibility; cells are what we don't know; that's why we should keep the windows open.

The language of trees and plants in their voices of organic inorganic chemistry with their bonds between carbon and hydrogen and water, nitrogen, phosphorous, energy, and wind: they speak by chance, and now what I remember is how beautifully you all smile, and how she smiles, and how I laugh and we all laugh together because chance: it's generous and brave, the way you plant yourself in the world, the way you rest and expand and become leaves and wolves: we know we're not alone: even though the smell of methane and hydrocarbons hasn't relented in a 50-kilometer radius of the city.

Ríos

Nombrar y controlar los caudales de los ríos es una labor de hidrólogos, geógrafos, militares e ingenieros que atienden formas convenientes de desviar los lechos, de cercarlos, de secarlos: para que se ajusten a formas caprichosas y tuberías.

Guadal quiere decir río.
Guadalupe es el nombre de un río de lobos.

¿Imaginamos un río de lobos en las mesetas que cobija riachuelos, arroyos y comunidades de vida comunicándose en una lengua que no sea la lengua del imperio?

Un río de lobos que despierte
que corra:
ajeno a la lengua del imperio.

Un río de lobos que alimente y limpie las palabras, las frases, las ideas imperiales que contra mis propios fluidos y linfas he pronunciado: con las que les lastimé, palabras con las que se desgarraron vínculos y destejieron enredaderas. Sigo buscando cómo recuperarnos de este caos doloroso.

Sigo buscando un caudal y una lengua que acerque y fluya libre: una lengua vernacular que nos comunique y nos vincule con el baldío de al lado.

Hablar en lobos en moléculas, comprender el modo en el que el azar nos entreteje y nos tiende variables: atender la variabilidad, la fotosíntesis y la verdosidad del aire y de las hojas: recuperar las nubes de la infancia.

Rivers

Naming and controlling riverflows is the work of hydrologists, geologists, soldiers, and engineers who attend to convenient means of diverting riverbeds, enclosing them, draining them dry: so that they'll conform to flighty shapes and pipelines.

Guadal means river.
Guadalupe is the name for a river of wolves.

Can we imagine a river of wolves lacing through the mesetas and sheltering streams and creeks and communities of life communicating in a language that isn't the language of empire?

A river of wolves that wakes
that runs:
foreign to the language of empire.

A river of wolves that feeds and cleans the words and sentences and imperial notions I've uttered against my own lymphs and fluids: the words I've used to hurt, the words that ruptured bonds and tore at vines. I'm still trying to figure out how we might recover from this painful havoc.

I'm still searching for a river and a language flowing close and free: a vernacular language that will communicate and connect us to the vacant lot next door.

Speaking in wolves in molecules, understanding how chance interweaves us and offers us variables: attending to variability, photosynthesis, and the greenness of the air and leaves: recovering the clouds of our childhoods.

Aloe Barbadensis Miller

Se trata de una planta suculenta, se trata del alivio: es la desinflamación su principal encargo, ¿objetivo, primigenio?: es mi madre con su sábila con moñitos rojos en la puerta de la entrada alejando males y enfermedad: es mi abuela con la sábila con moneditas para atraer prosperidad en los negocios: es el remedio contra la inflamación, contra la inflación, contra la envidia: de ser posible: que sea posible.

Sábilas contra los egos inflamados contra las malas pasadas: escudos protectores, se trata de que el día en que soñamos lobos: había pelos tirados en el piso, y marcas de quemadas suaves en la piel.

A veces sueño que nos persiguen y corremos a meternos detrás del zaguán, pero no logro identificar quiénes sí entraron ni si había sábilas adentro.

Aloe Barbadensis Miller

It's about a succulent plant, it's about relief: is the reduction of inflammation its primary mission, its original goal?: it's my mother with her aloe with her little red bows wreathing the front door warding off evil and illness: it's my grandmother with her aloe with coins to attract prosperity at work: it's the remedy against inflammation, against inflation, against envy: if possible: may it be possible.

Aloe against swollen egos against dirty tricks: protective shields, it's about the day we dreamed of wolves: there were hairs scattered on the floor and subtle burn marks on the skin.

Sometimes I dream they're chasing us and we run to hide beyond the hall, but I can't tell who's coming or if they made it in or if there were aloe plants inside.

Sábila

Hace más de ocho años en una azotea que se localiza a nueve punto seis kilómetros de aquí, encontramos una sábila, estaba abandonada. La colocamos en una maceta y la pusimos en la ventana de la casa.

Hace ocho años en un Museo de Historia Natural que se localiza a trece punto nueve kilómetros de aquí, había una exposición y en nuestra distracción pusiste tu mano sobre un foco incandescente que daba luz a una lámina para explicar las peculiaridades del lobo mexicano. Te quemaste. Corrimos a la enfermería del Museo de Historia Natural y te atendieron.

Hace ocho años y unos minutos después de que te atendieron en la enfermería, corrimos a casa. Una hoja de la sábila, *Aloe Barbadensis Miller,* colocada sobre tu herida, abierta a la mitad te quitó el ardor, no hubo pústula ni ampolla.

Hace ocho años también supimos que un gobierno mexicano en los años cincuenta declaró orgulloso que en México se había acabado con los lobos y que eso era bueno para la región y los ganaderos.

ALOE VERA

Over eight years ago, on a rooftop terrace located nine point six kilometers from here, we found an abandoned aloe vera plant. We settled it into a pot and placed it on our windowsill at home.

Eight years ago in a Museum of Natural History located 13.9 kilometers from here, there was an exhibit, and you absently touched an incandescent bulb that illuminated a didactic panel on the particularities of the Mexican wolf. You burned yourself. We rushed to the infirmary at the Museum of Natural History and they attended to you.

Eight years and a few minutes after they attended to you at the infirmary, we rushed home. A leaf from the plant, *Aloe Barbadensis Miller,* placed half-split over your wound, eased the pain: no pustule or blister.

Eight years ago, we also learned how a Mexican government in the 1950s had proudly announced the extermination of the wolves: good news, it claimed, for the land and for farmers.

Mentha spicata

En forma de lanza sus hojas en té: antiespasmódicas, desinflamatorias, aromáticas:

¿Son una forma del amor las hojas de la yerbabuena en los tés para el dolor de estómago?

Nos amamos en yerbabuena cuando el coraje y la mala digestión.

> Exacta y antigua: en latitudes diversas, en comunidades a uno y otro lado de ríos, sierras y montes y océanos, sus lanceoladas hojas en té bajan los humos.

Mentha spicata

Its leaves spear-shaped in tea: antispasmodic, anti-inflammatory, aromatic:

Are spearmint leaves in tea for stomach pain a form of love?

We love each other spearmintily in times of rage and poor digestion.

> Exact and ancient: around the world, in communities on many sides of rivers, seas and hills and mountains, its spear-shaped leaves in tea bring us back to earth.

Yerbabuena

En la Edad Media los médicos elaboraban libros con las ilustraciones de las plantas medicinales conocidas.
Dibujemos una yerbabuena.

Coloquemos unas hojitas de yerbabuena en el agua fresca: notas gustativas en esta historia de células que devienen juntas: frescura: un ritual alegre y simple.

A quince metros de distancia, en la jardinera del estacionamiento de la unidad de departamentos donde vivimos crece una silvestre tipo enredadera: se esparce.

Alguien nos dijo que si la siembras junto a una menta la absorbe y la menta deja de ser menta: que la yerbabuena se expande y no permite que crezcan otras yerbas aromáticas a sus alrededores.

La pregunta es, ¿requerimos una planta que en su hermosura impida el crecimiento de otras plantas?, otra pregunta, ¿las plantamos en macetas separadas o intentamos su convivencia?, una más, ¿tú crees que todas las cosas horribles que hemos dicho se puedan poner en un maceta para que germinen plantas alegres?

En el baldío de al lado, además de dátiles crece epazote y anís.

Spearmint

Doctors in the Middle Ages made books with illustrations of the medicinal plants they knew about.
Let's draw a spearmint plant.

Let's place some little spearmint leaves in fresh water: gustatory notes in this history of cells becoming cells: freshness: a simple, joyful ritual.

Fifteen meters away, in the planters in the parking lot in the apartment complex where we live, grows a wild sort of vine: dispersing itself.

Someone told us that if you place one close to mint, the first absorbs the second, mint ceasing to be mint: the spearmint expands and won't let other aromatic herbs come near it.

The question is: do we need a plant whose beauty impedes the growth of other plants? Another question: should we plant them in separate flowerpots or encourage their coexistence? And another: do you think that all the terrible things we've ever said can be planted in a flowerpot for joyful plants to germinate?

Besides the date palms, epazote and anise grow in the vacant lot next door.

Sobre el método de recolección

Esto lo señalaba el libro que la maestra Olmedo nos dio a leer para armar un herbario:

—Anotar dónde y cómo se encontraron: luego se trata de secar, quitar la humedad para evitar que se desarrollen las esporas de los hongos y las bacterias: y después describir y clasificar de acuerdo con esa descripción,

para poder compartir:
estar en contacto con otros recolectores.

—Se requiere conocer el lenguaje de los recolectores, coordenadas, descripciones y formas especiales de evidenciar la alegría como esa mirada tuya que abre puertas y ventanas.

¿Sería posible un lenguaje en el que sean las muestras quienes hablen?

Células en células sonoras.
Plantear la pregunta de otro modo.

Un lenguaje que sea comunicación y alimento: que al decirte almena, te guiñe y le aleteen las pestañas; que al pronunciar claramente aquí estamos, nos rodee un halo de dulzura y alegría que nos una por diversas vías: canales de comunicación que vibren y nos acerquen:

células, alvéolos:
mata de otra mata y alegría.

On Methods of Collection

Here's what it says inside the book that Ms. Olmedo had us read before we planted a herbarium:

—Take notes on where and how the herbs were found. Then dry them, removing dampness to prevent the spores of mushrooms and bacteria from growing. Then describe and classify according to your description,

to share:
to be in contact with other collectors.

—We must be familiar with the language of the collectors, coordinates, descriptions, and special ways of showing joy, like the look of yours that opens doors and windows.

Could there exist a language whose very speakers are its proof?

Cells in sound-cells.
To ask the question in another way.

A language that's food and communication: a language that says battlement, then winks and bats its eyelashes at you; that clearly says *we're here*, then rings us in a nimbus of sweetness and joy that joins us together in numerous ways: channels of communication that hum and bring us closer:

cells, microorganisms:
plant of another plant and joy.

Lobos: lecciones de cuidado

Las células contienen el material hereditario de los organismos que integran.

WOLVES: LESSONS IN CARE

Cells contain the hereditary material of the organisms they form.

LECCIONES DE CUIDADO

Podríamos continuar en las palabras y su materia de carbono
nitrógenos agua y fósforo para comprender:
que eran lecciones de cuidado:
las atenciones de la maestra Olmedo
las notas al pie de página de los libros de biología
los reportajes sobre madres y hermanas que buscan a los suyos
los reportes de desaparecidos con los santos y señas del buscado.

Llueve mucho más de lo esperado y sigo abrazando el miedo.
Un animal que se echa a mi lado, respira y duerme.

LESSONS IN CARE

We could continue with the words and their matter made of carbon
nitrogen water phosphorous to understand:
that they were lessons in care:
Ms. Olmedo's attention
the footnotes in our biology books
the articles on mothers and sisters searching for their own
the reports of missing people with the marks to know them by.
It's raining harder than we expected and I'm still embracing fear.
An animal that curls up next to me and breathes and sleeps.

Llueve

A veces parece torpe y pequeño buscar una lengua en términos conocidos.
Alienta plantear problemas en lenguas vernáculas y desconocidas.

La bióloga canadiense halló que un abedul y un abeto se comunican con nutrientes y luz, se cuidan y crecen juntos.

La maestra Olmedo nos mostró un método de cuidado y de atención a otros lenguajes: el sueño de las células es devenir células: la maestra Olmedo nos contó la vida de Vavilov y sus semillas y la cárcel: morir de hambre en la cárcel o morir de hambre en medio de diversidad de semillas de frutos y maíces: Vavilov recolectó variedades de maíces en Latinoamérica cuando contaba con la gracia de su régimen, luego cayó de la gracia de ese régimen y ahora Monsanto lo quiere todo. Sueño con células que sueñan que devienen células y que se debaten entre el sueño y las realidades: niños que no ponían el abandono en términos de extraterrestres sino de militares y cercos: cierres de caminos; y preservaban semillas de otras latitudes a kilómetros de distancia de su ciudad.

Diversidad de semillas que devienen semillas y alimento.

La maestra Olmedo dijo cosas importantes: viajen y aprendan
del cuidado.
La maestra Olmedo tejió cobijas y chambritas en las juntas
de consejo.
Las células de la maestra Olmedo devienen aliento.

A veces parece posible

              tejer una red:
les hablo de las plantas que crecen en el baldío de al lado
de las que soñamos que nos crecían en las orejas entre los dedos las
gato plantas las que devinieron piso y techo: las planta almena: las
árbol casa: las que se asomaron en la lengua:

It's Raining

Sometimes it seems clumsy and small to seek a language in familiar terms.
It coaxes planting questions in vernacular and unknown tongues.

The Canadian biologist discovered that a birch and a fir communicate with nutrients and light. They look after each other, grow together.

Ms. Olmedo showed us a method of attention to and care for other languages: the dream of cells is to become more cells: Ms. Olmedo told us the story of Vavilov and his seeds and prison: to starve to death in prison or to starve to death amid the vast diversity of seeds and fruits and corn: Vavilov collected varieties of corn in Latin America when he was still in his regime's good graces, and then he fell from grace in that regime and now Monsanto wants to own it all. I dream of cells that dream that they're becoming cells, debating between sleep and realities: children who didn't put abandonment in terms of aliens but of soldiers and siege: roadblocks; and stockpiled seeds from other places many kilometers away from their own city.

A vast diversity of seeds becoming seeds and food.

Ms. Olmedo said important things: travel and learn to care for others.
Ms. Olmedo knitted blankets and baby sweaters at school board meetings.
Ms. Olmedo's cells are becoming breath.

Sometimes it does seem possible

                      to weave a web:
I mean the plants that grow in the vacant lot next door
the ones we dream of growing from our ears between our fingers all the cat-plants that became ceiling and roof: battlement-plants: tree-plants: the ones appearing on the tongue:

protección contra las extracciones:

las abducciones:

escucharnos más allá de lo sobresaliente
andares bajo la lluvia
que resultan familiares.

protection against extraction:

abductions:

listening to each other beyond the prominent
walks in the rain
that feel familiar.

Citius altius fortius

Que la lengua imperial con su grado comparativo con sus desinencias desató una carrera por la incomunicación aunque diga lo contrario: *Citius altius fortius.*

Citius altius fortius

For the language of empire with its comparative degree its suffixes unleashed a race for incommunication although it claims the contrary: *Citius altius fortius.*

Respirar

Había una vez un mundo en el que el sueño de las células sólo era devenir células y fluía en lenguas vernáculas:

después comenzamos una carrera por buscar la combustión para producir magnitudes en la lengua del imperio, que la idea del imperio impuso.
y a veces parece
que perdimos
que rompimos
aceptamos jaulas, jardines botánicos y zoológicos:

oficinas
vehículos de locomoción
altius fortius raudos:

aunque en el baldío de al lado:
la vida bulle
y me vuelvo cursi
y simple:
imagino que si hago
crecer un árbol podremos hablar
y escucharnos
así:
respiraciones
comunes,
puntos de vista paralelos:
un lobo y un cangrejo:
anémonas malvas:
valentía
y abrazo en
un álbum de la forma de las hojas en las manos

diques y represas a la lengua del imperio:
con sus magnitudes y medidas:

BREATH

Once upon a time there was a world in which cells dreamed only of
becoming cells and this dream flowed along in vernacular tongues:

then we started a race to discover combustion to fabricate magnitudes
in the language of empire that the idea of empire itself imposed:
sometimes it seems
we lost
we broke
we acquiesced to cages, zoos, botanic gardens:

offices
locomotive vehicles
rapid *altius fortius*:

although, in the vacant lot next door:
life bustles on
and I grow sappy
and simplistic:
I like to think that if I make
a tree grow we'll be able to talk
and listen to each other
like this:
shared
breath,
parallel
perspectives:
a wolf, a crab:
mauve anemones:
courage
and an embrace in
an album of the shapes of the leaves in hands

sluices and dams across the language of empire:
with its magnitude and measurements:

aunque ahora te encuentres
en la misma ciudad
a nueve kilómetros y un metro de distancia
a veinte minutos sin tráfico
estás más lejos que la
secuoya que la mujer
no pudo salvar
que los bosques que se están talando justo ahora
o el manantial que resguardaron esta
tarde los municipales:
sembraré un árbol.

Estoy aquí hablando en lo que tengo porque
respirar contigo es una transformación que produce aliento.

Alentar es una forma redonda y cálida de resistir.
Devenir célula que sueña devenir célula.

although you find yourself
in the same city
nine kilometers and one meter away
a 20-minute drive with no traffic
you're still farther than
the sequoia that the woman
couldn't save
than the forests being felled at this very moment
or the spring patrolled this
very afternoon by people with guns:
I'm going to plant a tree.

I'm speaking here in what I've got because
breathing with you is a breath-producing transformation.

Encouragement is a round warm form of resistance.
Becoming a cell that dreams of becoming cells.

Cuestiones

Hay ideas que es necesario replantearnos: es preciso que las preguntas y los métodos se cuestionen en tanto que nos es preciso respirar un aire común y hacer la vida en actos comunes de alimento, cobijo y buena voluntad, ¿no estoy aquí yo que soy...?

CHALLENGES

There are ideas we have to reassess: it's necessary to challenge our questions and methods, just as it's necessary to breathe a common air and make a life in common acts of nourishment, shelter, and good will; aren't I here, I who am...?

order of things

Células

Contamos esto porque nos queremos encontrar una lengua de humus y nitrógeno, células: oxígeno y voces que no hablen en monedas y talentos: voces, rumores que hablen en cobijo que tejan redes de respiraciones juntas: que con la Maestra Olmedo les hablen en célula del azar, la belleza y respiración compartida. Recuperamos investigaciones previas para hilar un manto ligero que proteja y alivie. Soñar con lobos y células que sueñan en el azar y la alegría.

Quisiera saber si entramos todos.

CELLS

We're saying this because we want to find a language of nitrogen and peat, of cells: oxygen and voices that don't speak in coins or aptitudes: voices, rumors that speak in shelter that weave nets of together-breath: voices that will join Ms. Olmedo's voice and tell you in cell-speak about chance and beauty and shared breath. We recover other people's searches and thread a gauzy blanket that will comfort and protect. And dream of wolves and cells that dream in joy and chance.

I'd like to know if there will be room for all of us.

Datos

La lengua del imperio de nuestros días está cifrada en estadísticas, en ríos de datos fluyendo por redes de energía y siliconas, sales: que acumulan reglas y multas y cárcel a los que van en contra del imperio y a nuestra manera establecemos formas de resistirnos a esa lengua: a veces nos sale, a veces no.

El imperio habla en monedas y talentos que absorben y cercan ríos que destrozan territorios y extraen minerales y ríos y personas: que disuelven, trozan y acumulan. Intervienen procesos metabólicos: sustraen.

Acumular es una lengua imperiosa.
Competir es una tarea imperial.

Imponer es la masmédula de esto que hasta ahora vislumbro como lengua imperial inserta y dolorosa: aguda, punzante: imponer es una forma de dolor que se introyecta y envenena.
Hace pensar en sustracciones.
Hay algo que requerimos conocer. Hay algo que es preciso comprender y amar. Hay algo ajeno que debe ser soltado.
Soltemos lobos.
Soltemos la idea de que estamos solos.

Esta noche a dieciséis kilómetros de distancia en el Instituto Nacional de Neurología y Neurocirugía las células de la maestra Olmedo se debaten entre el sueño de devenir células o dormir profundamente; no podemos acompañarlas.

Data

The imperial language of our present day is encoded in statistics, in rivers of data flowing through webs of energy and silicone and salt: amassing rules and fines and prison to those who oppose the empire and in our own ways we wage resistance against this language: sometimes it works, sometimes it doesn't.

The empire speaks in currencies and talents that absorb and fence in rivers that demolish land and strip-mine minerals and rivers and people: that dissolve, cut up, accumulate. They intervene in metabolic processes: they subtract.

Accumulation is an imperious language.
Competition is an imperial task.

Imposition is the moremarrow of what I've glimpsed only now as a painful grafted imperial language: sharp and piercing: imposition is a kind of pain that pollutes and introjects.
It makes me think of subtractions.
There's something that we need to know. There's something that we have to love and understand. There's something that's not ours and we must let it go.
Let's let wolves go.
Let's let go of the thought that we're alone.

Tonight, 16 kilometers away from the National Institute of Neurology and Neurosurgery, Ms. Olmedo's cells debate between becoming cells or sleeping deeply: we can't be with them.

Preguntas

¿Escribimos poemas para preservar la especie?
Escribimos poemas y trazamos rutas
para transmitir una información que muestre
cómo seguir la vocación de alegría:
luciérnagas
bacterias luminosas.

Echarse al lomo de la loba bosque arriba.

Detener es otra forma de fluir.

QUESTIONS

Do we write poems to save the species?
We write poems and map routes
to convey information that teaches us
to follow joy as a vocation:
fireflies
luminous bacteria.

To nestle against the she-wolf's back on the mountainside.

To stop is another way to flow.

Miedo

Volvamos al miedo a la sustracción.
Dicen que si vienen por nosotros no nos daremos cuenta.
Dicen que si vienen por nosotros no haré nada por ir a buscarlos.
Dicen que vendrán y cada uno será llevado aparte.
Es como en la película del pez payaso.
Es como en la película de la niña que va a buscar a su mamá al lado de un extraterrestre.
Es como en *E.T.* cuando mi papá se quedó en el cine conmigo mientras mi mamá se salió con mi hermano a aliviarle el miedo.
Es como la vez que pensé que ella no volvería.
Es como cuando me aterraba que en alguna borrachera mi papá fuera abducido por extraterrestres y no volviera a verlo nunca.
Es como cuando después de decirle a mi mamá que su vestido era feo, ya no volvió a recogerme a la escuela.
Es como el ave que se tuerce la pata mientras vive una aventura con un niño al que le dicen Carterito y un anciano, y sus polluelos le graznan a lo lejos.
Es como en todos los lugares donde la minería a cielo abierto crea páramos desolados.

Es como en las unidades de Infonavit y los caseríos que aún no han terminado de pagarse y sólo quedan cuartos vacíos.

Entiendo que es frío, que aterra como cuando estiras la mano y tocas una sustancia viscosa y sucia en lugar de una mano cálida. Entiendo que algo hay que hacer en ese hueco. Que quizá valga la pena transitar por ese miedo juntos: recolectarlo: tomar muestras del miedo y observarlas. Abrazarlo hasta que se eche a dormir a nuestro lado y duerma.

A escasos metros de tu cama hay una luz y una suculenta.

Fear

Let's go back ~~to the fear of~~ subtraction.
It's said that if they come for us we won't even realize it.
It's said that if they come for us I won't even try to look for you.
It's said that they'll come for us and we'll each be carried off alone.
It's like the movie about the clownfish.
It's like the movie about the little girl who goes looking for her mother in the company of an alien.
It's like how in *E. T.* when my dad stayed with me in the theater while my mom took my brother outside to calm him down.
It's like the time I thought she wasn't coming back.
It's like the times I was terrified that my dad would get abducted by aliens when he went out drinking and I'd never see him again.
It's like the time I told my mom her dress was ugly and she didn't pick me up from school.
It's like the bird who twists her foot while having an adventure with a boy scout and an old man and her baby chicks keep cheep-cheeping to her in the distance.
It's like every place where open-pit mining creates desolate wastelands.

It's like the workers' housing units and construction plots that haven't been paid off and are left scattered with empty rooms.

I know it's cold, that it's as frightening as when you reach out and touch some viscous, grimy substance instead of a warm, familiar hand. I know there's something to be done inside that space. That maybe it's worth feeling through the fear together: collecting it: taking samples of fear for careful study. Embracing fear until it curls up beside us and falls asleep.

There's a light by your bed, a succulent plant.

In oxygen, in vine, in air, in wolf: there's an entire language of

En oxígeno, en enredadera, en aire, en lobo: hay un lenguaje de biomoléculas y encimas afuera y adentro: respiraciones conjuntas y sueños de células que devienen células:

Células, siempre se trata de células: de respiración, intercambios, reproducción y diferenciación.

El animal descansa al lado de tu cama.
Rebufa.

Me da la sensación de que sí entraron todos.

enzymes and biomolecules beyond and within: shared breath and dreams of cells becoming cells:

Cells, it's always about cells: about breath, exchange, reproduction, differentiation.

The animal's asleep beside your bed.
It snorts.

I have a hunch that there was room for everyone.

La lengua del imperio

En el capítulo 70 del *Capitullari de villis* de Carlomagno escrito a finales del siglo VIII, había reglas con multas y cárcel para que los señores de las villas conquistadas sembraran árboles frutales y yerbas precisas. Una lengua precisa a las disposiciones del imperio que claramente castigaba a quienes no alinearan sus patios y jardines a la idea de cividad carolingia.

Una lista de manzanos, nísperos, guayabas y perales; que incluían yerbabuena en la lengua del imperio.

La lengua del imperio es la lengua de nombrar reinos, especies, subespecies y la forma de la hojas: patronímicos: la lengua del imperio exige lo imposible: los subordinados al imperio interiorizan las reglas y asumen que esa es la forma, aunque también alimentan angustia. En la lengua del imperio se rompen vínculos entre redes de plantas y ciclos y personas.

En la lengua del imperio un microorganismo no deviene microorganismo sino artefacto adosado a los objetivos del imperio que no siempre tienen que ver con la preservación de las especies.

En la lengua del imperio no se trata de reconocer que una célula proviene de otra célula sino de determinar qué célula llegó primero.

THE LANGUAGE OF EMPIRE

Chapter 70 of Charlemagne's *Capitullari de villis*, written in the late eighth century, stipulated penalties like fines and incarceration so that the lords of conquered villas would plant fruit trees and precise herbs. A language precisely adapted to the dispositions of an empire that clearly punished those who failed to align their courtyards and gardens with Carolingian notions of civility.

A list of apple trees, medlar trees, guava trees, and pear trees; the inclusion of peppermint in the language of empire.

The language of empire is the language of naming kingdoms, species, subspecies, and leaf-shapes: patronymics: the language of empire demands the impossible: imperial subjects internalize the rules and accept them as the proper shape, although they also feed distress. In the language of empire, the bonds connecting plants and cycles and people are broken.

In the language of empire, a microorganism doesn't become a microorganism; it becomes an artifact adhered to the empire's objectives, which don't always involve the conservation of the species.

The language of empire doesn't care about recognizing that a cell comes from another cell; it only wants to know which cell came first.

Sobre el método de clasificación

He escuchado el miedo.
Jóvenes de secundaria pública recolectando ejemplares en una ciudad con variedades mixtas. Jóvenes de secundaria mixta ejemplares de una variedad a resguardo, teniendo miedo de las extracciones.

Sonidos de máquinas atroces extrayendo casas y personas, a kilómetros o a metros de distancia. El baldío de al lado no está a resguardo: la datilera, las yerbas.

Reconocemos el olor a combustible y chamusquina.

Me contaron que ustedes sueñan que podrían venir por nosotros y que tienen miedo de que ni yo ni nadie haga nada para evitarlo.

Soñamos con máquinas que sustraen voces y tibiezas.
Que es miedo a las extracciones.
Una vez soñé que ya no estaba ni su mano ni su risa y lloré mucho.
Luego fui corriendo a ponerme su jorongo y me quedé dormida.

Estoy investigando formas de estar en otras lenguas: hacer surcos de palabras: quisiera hablar en árbol y cobijarles:
células que sueñan que son células.

La loba me echa a su lomo y me lleva bosque arriba.
Sólo sueño.

ON METHODS OF CLASSIFICATION

I've heard the fear.
Public middle school students collecting samples in a city with
mixed varieties. Mixed middle school students, samples of a
protected variety, fearing extraction.

The sound of terrible machines extracting homes and people,
meters or kilometers away. The vacant lot next door isn't protected:
the date tree, the herbs.

We recognize the smell of fuel and incineration.

I was told you dream that they could come for us and you're afraid
that neither I nor anyone would do anything to prevent it.

We dream of machines extracting warmths and voices.
Which is the fear of extraction.
Once I dreamed her hand and laugh were gone and I cried a lot.
Then I rushed to find her shawl and wrapped myself in it and fell
asleep.

I'm looking into ways of being in other languages: making furrows
of words: I'd like to speak in tree and shelter them:
the cells that dream they're cells.

The she-wolf nestles me onto her back and carries me up the
mountainside.
I only dream.

Lenguaje

No hay hora ni lugar ni espacio en que no anduviera buscando un lenguaje hecho de manos y viento y nutrientes; en que no estuviera investigando una forma redonda y conveniente de nutrirlos

de acompañarlos

de estar:

crecer en compañía.

LANGUAGE

There's no time or place or space where I'm not
searching for a language made of hands and wind
and nutrients; when I'm not researching a whole and
convenient form of nourishing them

accompanying them

being here:

growing accompanied.

Reino *linguae*

En las células se dan todos los procesos metabólicos de los organismos.

Kingdom *Linguae*

All of an organism's metabolic processes occur inside its cells.

Sonoridades

Hay ronroneos, bufidos que claman:
llueve más de lo que esperábamos y la tierra ruge:
un acto de restauración:
soñamos devenir y clorofila:
recuperación:
aliento:
lluvia
sobre las plantas y los árboles en el baldío de al lado:

sonoridades
que resuenan al día
en que nos conocimos
y a devenir amantes
redes
y miradas de reconciliación.

Una loba acecha desde lo alto del bosque.

Sonorousnesses

There are clamoring purrs and snorts:
it's raining much harder than we expected and the earth roars:
an act of restoration:
we dream of becoming and chlorophyll:
recovery:
breath:
rain
onto the plants and trees in the vacant lot next door:

sonorousnesses
that echo the day
we met,
becoming lovers
networks
gazes of reconciliation.

A she-wolf lies in wait up the mountainside.

HIDROCARBUROS

En tanto que motores de cuatro tiempos con pistones: impulso: velocidad y fuerza: desplazamientos que empujan territorios e ideas de progreso que hoy son nodos de información y publicidad de magnitudes:

> Caballos de fuerza, calorías, dinas, newtons, amperes, voltios, toneladas equivalentes en petróleo en carbón: millones de dólares de euros monedas y magnitudes de energía, lingotes de oro: reservas internacionales de óxido de silicio y germanio.

Y amplias cantidades de información para que seamos una masa de datos engaños coloridos y ajenos que abren abismos de comunicación entre comunidades, que determinan atributos y arrojan personas, plantas y animales de su casa.

Industrias y quehaceres que atraen luchas por la respiración y bufan, chirrían, alarman, rugen, roen, rasgan: hidrocarburos para la alimentación de máquinas feroces y inabarcables.

A veces detenerse
es otra forma de fluir.

HYDROCARBONS

As four-stroke motors with pistons: thrust: speed and force: displacements that shove territories and ideas of progress that are now nodes of information and advertising for magnitudes:

> Workhorses, calories, dines, newtons, amps, volts, equivalent tons in petroleum in carbon: millions of dollars of euros currencies and magnitudes of energy, gold ingots: international reserves of oxide of silicon and germanium.

And vast quantities of information to make us a mass of data deceits colorful and external to us that open abysses of communication between communities, that determine attributes and expel people, plants, and animals from their homes.

Tasks and industries attracting struggles for breath and snort, screech, startle, roar, gnaw, scratch: hydrocarbons for the nourishment of fierce and unfathomable machines.

Sometimes to stop
is another way to flow.

Pulmones

Sé que mi pregunta está mal planteada que lo que digo no es lo que sucede:

he visto árboles caer
y desgajarse;

he visto personas amarrarse a un árbol para que no lo tiren.

Hemos visto personas defender un río

y en cada momento nos ocupamos desde lo que nos podrían doler los pulmones si el aire,
si no hubiese quién:
¿cómo los llaman?

pulmones naturales del mundo:
que la industria de la combustión
y su necesidad de carbono y componentes
ardiendo: industrias:
emporios de fuego:
ardor y combustión:

que así en algunos modos se respira:
y el dióxido de carbono
es a la vez requerimiento para producir azúcares, clorofila y verdor:
metabolismos, transformaciones de sustancias en sonoridades y azar.

Esta tarde precisamos el ardor del oxígeno al mirarnos a los ojos y respirar.
Una nueva llamada telefónica anuncia que la Maestra Olmedo se repondrá a su modo, que sus células devendrán a sus maneras.

Lungs

I know my question's badly phrased that what I'm saying isn't quite what happens:

I've seen trees fall
and split;

I've seen people tether themselves to trees to keep them from being felled.

We've seen people defend a river

and we're incessantly attending through what
might hurt our lungs if the air,
if there weren't someone who:
what are they called?

the natural lungs of the world:
that the combustion industry
and the need for carbon and components
blazing: industries:
emporia of fire:
ardor and combustion:

that this is in some sense how we breathe:
and carbon dioxide
is a simultaneous requirement for producing sugars, chlorophyll,
and green: metabolisms, transformations of substances into
sonorousnesses and chance.

This evening calls for the precise ardor of oxygen to look into each other's eyes and breathe.
A new phone call announces that Ms. Olmedo will recover in her way, that her cells will keep becoming in their ways.

Respiramos juntos.
Al lado de nosotros un animal rebufa y duerme plácidamente.

We breathe together.
Beside us, an animal snorts and sleeps
serenely.

CANCIÓN DE CUNA

No obstante, jugaremos en el bosque
sin pensar en la carnada sólo lobos:
manada que bulle
y se acompaña
se guarece de la lluvia:
me mostraste con tus alegres ojos:

dos lobos
ancianos y enfermos
dos lobos dos lobas
adultos y sabios
lobas y lobos
lobas lobeznos
lobo lobito lobita
lobunas lobos
avanzan
se acompañan y
atraviesan
una tormenta en manada:
en manada
se acuerdan y esquivan
envenenaciones masivas
recompensas por cabeza
envenenamientos a sus lares:
sortean el amor inusitado de los gobiernos por varones ganaderos y
compañías productoras de carne:
que se olvidó el asador
y los domingos:
trancas francamente quebradas:
superficies de Norte a Sur
y viceversa con ganados tristes pastando pasto de pastura:
cerros pelados minas de carbono
metales industrias
oro

LULLABY

Even so, we'll play in the woods
without thinking of bait just wolves:
the pack that throngs
and accompanies each other
and seeks shelter from the rain:
you showed me with your joyful eyes:
two wolves
ancient and sick
two he-wolves and she-wolves
adult and wise
she-wolves and he-wolves
she-wolves and wolf cubs
little wolf cublets
wolfish wolves
advancing
accompanying each other and
traveling through the storm as a pack:
as a pack
they remember and elude
mass poisonings
rewards on heads
dens laced with toxins:
they navigate the government's strange love for cattlemen and
companies
meat manufacturers:
the grill and Sundays
all forgotten:
bars frankly snapped:
surfaces from North to South
and vice versa with sorrowful cattle grazing on pasture for fodder:
bald hills carbon mines
industries metals
gold ore

la mujer de la laguna
oro
orar con ella
por el agua:
acompañarla
en lenguas vernáculas:
musitamos
una canción de cuna de abuelas
la maestra Olmedo
la bióloga canadiense
nosotras y nosotros.

A nuestro lado una loba aúlla
nos echa al lomo bosque arriba.

the woman in the lagoon
ore
imploring with her
for water:
accompanying her
in vernacular tongues:
we whisper
a lullaby sung by our grandmothers
Ms. Olmedo
the Canadian biologist
all of us.

Beside us, a she-wolf howls
and nestles us onto her back up the mountainside.

Mapa en 3D

Soñé que recibía un bosque en un mapa de 3D y podía verle sus cañadas sus ríos sus tipos de suelo, las transformaciones de sus componentes, con el bosque llegaba un San Bernardo, me lamía, paseábamos por la maqueta en tercera dimensión tamaño real olía a tierra recién llovida y no había nadie: sustracciones era la sensación del san bernardo y mía. Recordé que mis hermanos y yo vimos miles de veces la película del san bernando que tocaba el piano y reíamos mucho para evitar esa sensación de que los adultos habían sido sustraídos.

Caminamos por el terreno y claramente hicimos un censo de árboles —a caballo dado, no se le ve colmillo— sin embargo, esos eucaliptos eran un problema para el san bernardo y para mí, venían solos no traían koalas mamás, ni koalas bebés y a sus alrededores el suelo era un desastre de desnutrición y altos niveles de tristeza.

El san bernardo tomó la libreta y escribió la palabra endémico fosforesciendo. Me guiñó un ojo y luego fue la loba y se echó a correr con su manada por los mapas del bosque.

De las semillas endémicas que el San Bernardo esparció por el mapa brotaron árboles frondosos, ahuehuetes, encinos y miles de yerbas que dieron cobijo a liebres, zanates y otras aves como patos silvestres: en un momento me tendí en la tierra y de mí brotaron musgos, líquenes y hongos y estuve así: hasta el presente.

Células que provienen de otras células y que contienen el mismo material hereditario: tus hermosos ojos y la risa.

3D Map

I dreamed I received a forest on a 3D map and I could see its gullies its rivers its types of soil, the transformations of its components, the forest came with a St. Bernard, it licked my skin, we wandered through the life-sized mock-up in all three dimensions, it smelled like earth right after rain and there was no one else around: subtractions was the feeling of the St. Bernard and mine. I remembered how my siblings and I watched the movie about the piano-playing St. Bernard a million times and laughed a lot to stave off the feeling that the adults had been subtracted.

We walked around the plot and clearly took a census of the trees—don't look a gift horse in the mouth—and yet those eucalypti were a problem for the St. Bernard and me, they were alone, they bore no mother koalas or baby koalas and the soil all around them was a catastrophe of malnutrition and high grades of sorrow.

The St. Barnard took the notepad and wrote the word endemic, glowing. He winked at me and then he was the she-wolf who ran off with her pack into the forest maps.

From the endemic seeds sown by the St. Bernard sprouted lush trees, oaks and ahuehuetes and countless herbs that sheltered hares rooks and other birds like wild ducks: eventually I lay down on the earth and mosses lichen and mushrooms bloomed from me and that's how I stayed: until the present.

Cells that come from other cells and harbor the same hereditary material: your beautiful eyes and laughter.

Sobresaliente

Más allá de lo sobresaliente,
quisiera plantear que un día:

una mujer se trepó a un árbol para salvarlo:

luego de dos años
se bajó del árbol
porque la Maxxam Corporation
firmó un acuerdo para no derribarlo.

A los pocos días de que la mujer descendió:

no hubo reportaje
ni nombramiento de mujer del año
ni entrevistas que detuvieran
a la Maxxam Corporation
de derribar la secuoya que dio
cobijo, alimento y cobertura.

El dueño de la Maxxam Corporation escaló hasta las listas de Forbes en 2007,
igual que los banqueros y los expendedores de drogas sintéticas.

Todos los organismos están compuestos de células.

En las células se producen las reacciones metabólicas de los organismos.

Las células contienen el material hereditario del organismo que provienen: células que sueñan con devenir células: ojos y risa.

PROMINENT

Beyond what's prominent,
I'd like to suggest that one day:

a woman climbed a tree to save it:
after two years
she climbed down
because the Maxxam Corporation
signed an agreement not to fell it.

A few days after the woman descended:

there were no articles
or nominations for woman of the year
or interviews to stop
the Maxxam Corporation
from felling the sequoia that offered
shelter, cover, food.

The owner of the Maxxam Corporation scaled the Forbes lists
in 2007,
as did the bankers and the vendors of synthetic drugs.

All organisms are composed of cells.

Cells produce an organism's metabolic processes.

Cells contain the hereditary material of the organism they come from: cells that dream of becoming cells: eyes and laughter.

Excesos de sustancias

Al introducir excesos de sustancias se produce alta toxicidad: se desajusta el sistema inmunológico:
excesos de sustancias que delatan inflamación
sustancias que delatan que las células del cerebro de la maestra Olmedo se hallan en debate entre devenir y dormir: y alientan formas inusitadas de existir:

sustancias que delatan que hay lobos haciendo su trabajo y alegría:
sustancias que delatan que te duele el corazón:
que se cae a veces
cuando amanece y habría que echar a correr lobos por las calles de esta ciudad por los bosques aledaños
cuidarnos de nuestros propios excesos y dejar correr lo que no habíamos pensado
lobos e hidrocarburos ya existían
y fósforos y ozonos y se aumentó o se redujo su existencia: se alteró la biósfera
biósfera quiere decir lo que lleva la vida
pues eso
y se alteró
en el baldío de al lado:
y no hay palabras justas para exponer el alto nivel de toxicidad de unos y la falta que nos hacen otros
que eso podríamos llamar equilibrio: armonía
en cambio las agencias gubernamentales y las agencias de publicidad lo llaman en altos niveles de toxicidad competencia:
Citius altius fortius.

Excess Substances

The introduction of excess substances produces high toxicity: it
disrupts the immune system:
excess substances indicating inflammation
substances indicating that the cells in Ms. Olmedo's brain are
debating between becoming and sleeping: and encouraging unusual
forms of existence:

substances indicating that there are wolves doing their work and joy:
substances indicating that your heart is aching:
that it sinks sometimes
when day breaks and we're to let wolves run free through the streets
of this ity through the neighboring forests
to protect ourselves from our own excesses and let our unthought
thoughts run free
wolves and hydrocarbons already existed
and phosphorous and ozone and their existence lessened or
increased: the biosphere was altered
biosphere means what life has inside it
so yes
it was altered
in the vacant lot next door:
and there are no right words to expose the high level of toxicity in
some and how painfully we feel the lack of others
that's what we could call balance: harmony
by contrast governmental agencies and advertising agencies call it
with high levels of toxicity competence:
Citius altius fortius.

Planteos

Sueño que lobos me persiguen,
corren detrás de mí.
Llego a un portón de madera y logro escapar,
pongo la aldaba:
aunque no estoy segura de que hayamos entrado todos.

¿Cómo plantearnos una posibilidad de subida entrada y elaboración de elementos y nutrientes para producir oxígeno, dióxido de carbono y azúcares? El reino fungi comunica y establece, es una lengua proliferante que se procrea mediante esporas, el reino fungi es una posibilidad y la fotosíntesis: combustión, luz, energía y sustancias transformativas; si te digo que todas las cosas que suponemos horror pueden fagocitarse y volverse otras materias que la recodificación, que la remoleculización, y que arriba y abajo se trata de trasformaciones de modificaciones de intercambios y resistencias: combustiones que comunican que respirar es preciso, que lo que dije era también una posibilidad de convertir el desecho, el estiércol, en otra comunicación y la posibilidad azarosa de que floreciera algo: el reino fungi y las bacterias en una posibilidad de salida subida entrada cambio y trasformación: azar: células que provienen de otras células y biomoléculas que devinieron: mata de otra mata.

Un sistema agudo de milicias, huestes arriba y abajo combatiendo el aire, cómo suponer que la resistencia es una forma de producir aire y agua fuego: combustión: células en circunstancias naturales.

Plans

I dream of being followed by a pack of wolves.
They run after me.
I reach a wooden door and manage to escape,
I turn the latch:
although I can't be sure there's room for all of us.

How can we consider the possibility of rising up going in and elaborating elements and nutrients producing sugars, oxygen, carbon dioxide? Kingdom fungi communicates and establishes, and a language that proliferates and procreates with spores. Kingdom fungi is a possibility and photosynthesis: combustion, light, energy, and transformative substances: if I tell you that everything we see as horror can phagocytose and turn into other forms of matter that recodification, that remoleculization, and that up above and down below it's about transformations about modifications about exchanges and resistances: combustions that communicate that breath is necessary, that what I said was also a possibility of converting waste, compost, into another kind of communication and the accidental possibility of something blossoming: kingdom fungi and bacteria in a possibility of rising up going in change and transformation: chance: cells that come from other cells and biomolecules that became: flora from other flora.

A keen system of militias, hosts up above and down below combatting air, how can we consider that resistance is a way of producing air and water fire: combustion: cells under natural circumstances.

Devenires

La mujer que vive en el vestíbulo del Museo de Arte Contemporáneo me dice está cerrado hace mucho: dice: aquí vivimos mi compañerito y yo, qué bueno que vino, disculpe por la molestia.

No tenía ficha técnica. Ella se llamaba Lilia.

No había lobos cerca.
Los animales cercanos se hallaban en jaulas.

En realidad cuando se trata de grandes depredadores, hay que tener mucho cuidado: concebir la cadena alimenticia, porque en realidad los grandes depredadores son más bien una concatenación de métodos de acumulación y extracciones de riquezas comunes y ajenas de inoculación de sueños que se perturban: insomnios: sustracción de las lenguas no imperiales e inoculación de la lengua de publicidad y banqueros: no son lobos: son personas con hambre de acumulación y garras para sustraerlo todo.

De los lobos de su gracia y su dejarse correr y su habilidad de cazadores diremos hermosas manifestaciones del amor:
aromas y otros fluidos que comunican: sudor, lágrimas, mocos, saliva, linfas que guían y cuidan: células que provienen de otras células:

como aquella vez en que recién llegados les pregunté
¿cómo les fue de viaje?

De qué manera una madre y sus cachorros comunican en líquidos y respiración:
Cargar cachorros en el lomo: devenires.

Becomings

The woman who lives in the vestibule of the Contemporary Art Museum tells me it's been closed for a long time: she says: it's my man and me who live here, I'm glad you came, sorry for the trouble.

She ~~had no museum label. Her name~~ was Lilia.

There were no wolves nearby.
The closest animals were locked in cages.

Actually, when it comes to large predators, it's important to be careful: to grasp the food chain, because in fact large predators are actually a concatenation of methods of accumulation and extractions of communal riches and separate from the inoculation of dreams unsettling each other: insomnia: subtraction of non-imperial languages and inoculation of the language of advertising and bankers: they aren't wolves: they're people hungry for accumulation with claws to abduct it all.

As for wolves, we'll say of their grace and their running free and their aptitude as hunters: beautiful manifestations of love:
aromas and other communicating fluids: sweat, tears, mucus, saliva, lymphs guiding and taking care: cells coming from other cells:

like the time I asked them when they'd just come back:
how was your trip?

How do a mother and her pups communicate in liquids and breath: carrying her pups on her back: becomings.

AZAR

El lobo como agente de cambio y equilibrio en la cadena alimenticia.

El primer empleo colaborativo y remunerado que tuve era una cadena alimenticia donde ni hija del lobo ni cordero: conejo o ardilla, no recuerdo.

Quisiera ser bacteria: una célula que se comunique en silencio.

Quisiera comprender ese lenguaje de humus de nitrógeno de carbono de información fluyendo por las raíces de las secuoyas las ceibas las casuarinas.
Hablar en árbol.
Hablar en lobo.
Hablar en agencia de publicidad pero al revés.
Hablar en la lengua del imperio para desmantelarla.

Sólo quiero que nuestras células en sueños reconsideren todo esto: azar.

CHANCE

The wolf as agent of change and equilibrium in the food chain.

The first collaborative and remunerated job I had was a food chain where neither wolf's daughter nor lamb: rabbit or squirrel, I can't remember.

I'd like to be a bacterium: a cell in silent communication.

I'd like to understand the language of humus of nitrogen of carbon of information flowing through the roots of sequoias kapoks ironwoods.
To speak tree.
To speak wolf.
To speak advertising agency but the other way around.
To speak the language of empire to take it apart.

All I want is for our cells to reconsider all of this in dreams: chance.

Canis lupus signatus

A 8 mil setecientos kilómetros o 4 mil setecientas millas náuticas se encuentra un bosque ardiendo desde hace días.

Un avión que iba a sofocar el incendio se estrelló y se hizo uno con las llamas, eso dijeron las noticias.

Ahí vivían familias de lobos, el *Canis lupus signatus,* en el reportaje está la foto de una madre lobo con sus cachorros trepándose en la espalda para llevarlos bosque arriba y regurgitar la carne que acaba de ir a cazar. En la siguiente fotografía los cachorros tragan la masa sanguinolenta y suave que su madre les ha entregado.

De qué manera harán falta esos cachorros y su madre en el mundo.

De qué curiosa forma la introducción del fuego y los bomberos y los aviones sofocaincendios hubieran podido cambiar el rumbo de las familias de lobos de otras partes del universo.

CANIS LUPUS SIGNATUS

Eight thousand seven hundred kilometers or 4700 nautical miles away, a forest has been blazing for days now.

A plane sent to smother the fire crashed and became one with the flames; that's what the news said.

In the forest lived families of wolves, *Canis lupus signatus*. The article shows a photo of a mother wolf with her pups clinging to her back so she could carry them up the mountainside and regurgitate the meat she'd just gone hunting for. In the next photo, the pups are gulping down the soft and bloody pulp their mother has delivered to them.

How will those pups and their mother be missed in the world.

In what strange way might the introduction of fire and firefighters and fire-smothering planes have been able to change the course of wolf-families in other parts of the universe.

¿Cómo en una lengua precisa, anémona?

    Soñaríamos fonemas que devienen precisos
e impermanentes márgenes de holgura y
placidez, extensiones inmensas de un presente
bullendo en la hermosa combustión de inspirar
oxígeno y expirar dióxido de carbono y otros
gases: reburbujeo de calidez y luz, aromas,
balbuceos, quejidos, babas, mocos, fluidos
estruendosos, amorosos gemidos que quedan
balbuciendo una inhalación tras otra y dan paso
a nuevas y redondas maneras de compartir
espacio, ocupar tus honduras y las mías como
el agua que fluye en las montañas: claro río.
Amarnos en presencia y alegría como la gota
que derrama el vaso, amarnos ahora anémonas
imantadas y espléndidas en inhalación y
exhalación profunda bosque arriba ajenas al
dolor y a las imperiales formas. Ajenas al tú o al
yo trágico, cómico y Leucipo.
Amarnos ajenas anémonas precisas y bullentes
formas de la tarde, presencias espumosas
transformadas en calidez y bonituras
deleitables sin orillas, trancas: hojas sueltas.
Amarnos malvas volcadas en caricia en
alegría en prístinas piedras al fondo del
claro río, manantial, tumbadas en paz y en
reverberaciones libres:
Amarnos

                        Y a veces detenerse
                       es otra forma de fluir.

What Do You Mean in a Precise Language, Anemone?

We would dream of phonemes becoming
precise and impermanent margins of space and
placidity, vast extensions of a present abuzz in
the gorgeous combustion of inhaling oxygen
and exhaling carbon dioxide and other gases:
an effervescence of warmth and light, scents,
stutters, growls, spit, mucus, thunderous fluids,
amorous moans that stammer one inhalation
after another and make way for new and
rounded ways of sharing space, of inhabiting
your depths and mine like water flowing
through the mountains: clear river.
Loving each other in joy and presence like
the very last drop in a full glass, loving each
other now anemones magnetized and splendid
in deep inhalation and exhalation on the
mountainside far from pain and imperial forms.
Far from the tragic, comic, Leucippian you or I.
Loving each other from afar anemones precise
and effervescent forms of evening, foamy
presences turned to warmth and joyous
lovelinesses without shores or bars: loose leaves.
Loving each other mallows poured into caress
and joy and pristine stones at the bottom of the
riverbed, spring, resting in peace and
free reverberations:
Loving each other

                                And to stop can be
                                another way to flow.

CLASIFICACIONES INOPERANTES

Del libro que nos dio la maestra Olmedo para entender las clasificaciones:

> Después de una investigación a fondo que descarte que la especie no se ha hallado antes se procederá en la gramática de la lengua del imperio a nombrar de acuerdo con ciertas reglas:
>
> —Los nombres científicos son binomiales: género y especie.
> —Debe ser una combinación a diferencia de los nombres comunes, vernaculares, como por ejemplo "erizos" o "floripondios".
> —No llevan acentos ni apóstrofes, ni números o guiones.
> —Deben poder pronunciarse en la lengua del imperio.
> —Estarán en la lengua imperial, serán sustantivos y adjetivos y concordarán en género.
> —Se distinguirán por escrito con itálicas.

Además:

> Quien nombra una nueva especie no puede usar su propio nombre.
> Quien nombra puede honrar a otra persona usando su nombre.
> Quien nombra puede usar atributos sobresalientes: su redondez, su gracia, la pericia, el lugar hallado.

INEFFECTIVE CLASSIFICATIONS

From the book that Ms. Olmedo gave us to understand classifications:

> Following a thorough investigation to rule out the possibility that the species has already been discovered, we will proceed in the grammar of the language of empire to name it, in accordance with certain rules:
>
> —Scientific names must be binomial: gender and species.
> —They must be a combination, unlike common, vernacular names, like "hedgehogs," for example, or "angel's trumpet."
> —They must have no accents, apostrophes, numbers, or dashes.
> —They must be possible to pronounce in the language of empire.
> —As terms in the language of empire, they must be nouns and adjectives in gender agreement.
> —They must be italicized in writing.

Also:

> Whoever names a new species may not use their own name.
> Whoever names may honor someone else by using their name.
> Whoever names may use evident attributes: the species' roundness, prowess, grace, the place where it was found.

AUNQUE

Resulta artificial
nombrarles sin conocer la lengua de las sustancias que les nutren,
iluminan cobijan, reproducen:
una plántula es una plántula que busca nutrientes, agua y esperanza:
una especie comunica de la lluvia
que no elegimos que nos moje:
recordar el día que corrimos juntos por el parque
para atajarnos de la lluvia y reímos:
resulta real
pensar en cómo la plántula en su brevedad nos comunica.

Plantear preguntas de otros modos:

¿qué nos dicen de las nubes la lluvia?
¿qué golpeteo de la lluvia contra los árboles del baldío de al lado están diciendo?

Que natural
no es precisamente una categoría atendible,
totalmente,
que la comunicación
que la programación
que a muchos kilómetros a la redonda
no es posible
recuperar
una lengua que no haya sido
intervenida
por las agencias de seguridad
que
han determinado la lengua del imperio
en cifras
en impulsos eléctricos
en ráfagas

Although

There's something artificial
about naming them without knowing the language of the substances
they're nourished by, illuminated, sheltered, reproduced:
a seedling is a seedling that seeks nutrients, water, hope:
a species communicates something of the rain
we haven't chosen to soak us:
remembering the day we ran across the park together
as a shortcut through the rain, laughing:
there's something real
about thinking how the seedling in its brevity communicates us.

Posing questions in other ways:

what do the clouds tell us about the rain?
what kind of rain-patter against the trees in the vacant lot next door
are they saying?

For natural
isn't precisely a category worthy of consideration,
totally,
for communication
for programming
for many kilometers around
it isn't possible
to recover
a language that hasn't been
confiscated
by security agents
who
have determined the language of empire
in figures
in electrical impulses
in flashes

tormentas
y opacidad.

Extracción.

De qué manera cuidar y recolectar para describir la forma de las hojas será una forma de decir lo que en realidad sucede, inspiración y exhalación bullentes:

reconciliar las partes rotas: claro río:

aligerar las punzantes y estruendosas reclamaciones, las tormentas que transitamos: respirar impermanentes en el lecho del río:

precisamos nombrar las cifras de opacidad alrededor de territorios en resistencia contra las extracciones:

preguntas que siguen sin ser planteadas.

Células con vocación de alegría y respiraciones y azar bullen, reverberan.

Puertas y ventanas abiertas que ofrecen cobijo y manantiales, aquí y en el baldío de al lado.

¿de qué manera anémona, lobo y cobijo resisten y alimentan?

Habláramos en loba en sábila en anémona, amada espuma fresca y viajante.

A veces, entramos todos.

storms
and opacity.

                                                                Extraction.

    How to collect and look after to describe the
    shape of the leaves will be a way to say what's
    actually happening, effervescing inhalation and
    exhalation:

    reconciling the broken parts: clear river:

    lightening the sharp and thunderous
    lamentations, the storms we pass through:
    breathing impermanent in the riverbed:

    we need to name the figures of opacity around
    the territories resisting extraction:

    questions that remain unposed.

Cells with a vocation of joy and breath and chance effervesce, reverberate.

Open doors and windows offering shelter and springs, here and in the vacant lot next door.

    how do wolf, anemone, and shelter nourish and
    resist?

May we speak in wolf in aloe vera in anemone, beloved cool and wandering foam.

Sometimes there's room for all of us.

Partidas

Parto de que a mi padre carpintero a veces le duelen los pulmones
parto de que un día amanecimos con miles de mariposas por
todas partes y cadáveres de pájaros en las calles
que restringieron el uso de los autos
que nos asustamos
y de todas formas
no inventamos una mejor forma de hablarles
de comunicarnos.

Cuál es la variante dialectal en que traducir esto:
moléculas de agua fósforo nitrógeno sales
minerales y cobijo.

¿De qué manera una madera madre atiende el crecimiento y el
ritmo de sus hojas sus retoños: plántulas a la vera?

¿De qué manera una madera madre
puede enviar mensajes punzantes y turbios
en moléculas dolorosas?

Azar y entretejidos: espacios que se restauran y florecen.
A veces deternerse es otra forma de fluir y amar.

Decir
no es suficiente:
es preciso respirar:
mensajes de humus y nitrógeno y aminoácidos y alegría

de qué manera: azar:

aquí se dice de árboles y bosques a kilómetros de distancia
donde se sueltan lobos y se respira.

Beginnings

I'll begin with the fact that ~~my carpenter~~ father sometimes feels
an ache in his lungs
I'll begin with the fact that one day we woke to thousands of
butterflies all around us and the corpses of birds in the streets
that they kept us from driving
that we were frightened
and even then
we didn't invent a better way to speak to them
to communicate.

What is the dialectical variant in which to translate this:
molecules of water phosphorus nitrogen salts
minerals and shelter.

How can a wood mother attend to the growth and the rhythm of
her leaves her shoots: seedlings on the riverbank?

How can a wood mother
send sharp and murky messages
in painful molecules?

Chance and interweavings: spaces that recover and blossom.
To stop can be another way to flow and love.

Saying
is not enough:
we have to breathe:
messages of humus and nitrogen and amino acids and joy

how: chance:

here there's talk of trees and forests kilometers away where
wolves are freed and breathing's possible.

Se dice de lobos y de ciervos
y también se busca
una lengua
en la que hablarte
y cobijarte sea vibrante y tierno, anémona.

A ocho años de distancia del día en que nos alivió una sábila,
miré atentamente el video de los lobos que me mostraste:

Reintrodujeron lobos en un bosque.
Catorce, los echaron a correr por la reserva.
Todo comenzó con los lobos cazando ciervos, dice el documental.
Redujeron la población de ciervos y las plantas crecieron de nuevo.
Llegaron insectos y florecieron nuevamente plantas y brotes de árboles.
Regresaron aves y castores que construyeron diques para que las especies de los ríos prosperaran, y los reptiles y conejos.
Y hubo charcas y el cauce de los ríos fue de nuevo caudaloso:
Guadalupe.

>A unos metros de distancia las células de la
>Maestra Olmedo reconocen la información que
>dieron en exploraciones a bosques artificiales
>y a bosques orgánicos en sopas en suéteres en
>ropitas tejidas y que podrían decir serenamente:
>basta.

Soñé con lobos.
Nos perseguían.
Entramos todos:
optar por el azar.

A veces detenerse es otra forma de fluir.
Una manada a nuestro lado duerme bosque arriba.

There's talk of wolves and deer
and quests
for a language
so I can speak to you
and shelter you with vibrancy and tenderness, anemone.

Eight years away from the day when we were soothed by an aloe vera plant, I raptly watched the video of some wolves you showed me:

Wolves were reintroduced into a forest.
Fourteen of them let loose into the preserve to run free.
It all began with the wolves hunting deer, the documentary says.
They reduced the deer population and the plants grew again.
Insects arrived and plants and tree-shoots sprouted up anew.
Birds returned and beavers that built dams so that the river species would flourish and reptiles and rabbits.
And there were ponds and the course of the river flowed mighty again:
Guadalupe.

> Some meters away, Ms. Olmedo's cells recognize the information they gave in explorations of artificial forests and of organic forests in soups in sweaters in little woven garments and could serenely say: enough.

I dreamed of wolves.
They were chasing us.
There was room for all of us:
opting for chance.

To stop can be another way to flow.
A pack besides us sleeps on the mountainside.

Lecciones

En la composición de estos poemas se consultaron los siguientes contenidos que contienen lecciones de cuidado y generosidad. Es probable que algunas otras consultas y discursos estén presentes, aunque no estén documentados en esta lista, como la crónica que Yásnaya Aguilar ha hecho en redes sociales del conflicto en la Región Mixe.

"Un año irresuelta disputa de manantial en Ayutla Mixe, Oaxaca", por Miguel Ángel Maya Alonso, en https://www.nvinoticias.com/nota/92422/un-ano-irresuelta-disputa-de-manantial-en-ayutla-mixe-oaxaca

"Soltaron 14 lobos en un parque natural", https://es.newsner.com/magnifico/sueltan-a-14-lobos-lo-que-pasa-despues-es-un-milagro-el-efecto-muestra-que-tenemos-que-cuidar-a-nuestro-mundo-fantastico/

"La mujer que subió a un árbol para evitar su tala y no bajó en dos años", https://kurioso.es/2008/12/12/la-mujer-que-subio-a-un-arbol-para-evitar-su-tala-y-no-bajo-en-dos-anos/

"Científicos que hablan con árboles", http://www.rcinet.ca/es/2017/05/03/cientificos-que-hablan-con-arboles/

La revista *Pie de página* http://piedepagina.mx/index.php que es una iniciativa de la red Periodistas de a pie http://www.periodistasdeapie.org.mx/

Lessons

In writing these poems, I consulted the following sources, which contain lessons in generosity and care. It's likely that other consultations and discourses are also present, even if they're not documented as part of this list, such as the accounts that Yásnaya Aguilar has published on social media about the conflict in the Mixe region of Oaxaca.

"Un año irresuelta disputa de manantial en Ayutla Mixe, Oaxaca," by Miguel Ángel Maya Alonso, at https://www.nvinoticias.com/nota/92422/un-ano-irresuelta-disputa-de-manantial-en-ayutla-mixe-oaxaca

"Soltaron 14 lobos en un parque natural," https://es.newsner.com/magnifico/sueltan-a-14-lobos-lo-que-pasa-despues-es-un-milagro-el-efecto-muestra-que-tenemos-que-cuidar-a-nuestro-mundo-fantastico/

"La mujer que subió a un árbol para evitar su tala y no bajó en dos años," https://kurioso.es/2008/12/12/la-mujer-que-subio-a-un-arbol-para-evitar-su-tala-y-no-bajo-en-dos-anos/

"Científicos que hablan con árboles," http://www.rcinet.ca/es/2017/05/03/cientificos-que-hablan-con-arboles/

The magazine *Pie de Página*, http://piedepagina.mx/index.php, an initiative of the network Periodistas de a Pie: http://www.periodistasdeapie.org.mx/

"Los doce botánicos rusos que murieron de hambre para proteger el mayor banco de frutos y semillas del mundo", https://www.xataka.com/ecologia-y-naturaleza/los-doce-botanicos-rusos-que-murieron-de-hambre-para-proteger-el-mayor-banco-de-frutas-y-semillas-del-mundo

Guía de árboles de la Ciudad de México https://www.biodiversidad.gob.mx/Difusion/cienciaCiudadana/aurbanos/pdf/GuiaArboles_v3.pdf

También se utilizó el buscador de Google Maps, https://www.google.es/maps y se consultó https://www.naturalista.mx/lists/86887--rboles-comunes-de-la-Ciudad-de-M-xico

"Los doce botánicos rusos que murieron de hambre para
proteger el mayor banco de frutos y semillas del mundo,"
https://www.xataka.com/ecologia-y-naturaleza/los-doce-
botanicos-rusos-que-murieron-de-hambre-para-proteger-
el-mayor-banco-de-frutas-y-semillas-del-mundo

Guide to trees in Mexico City: https://www.biodiversidad.
gob.mx/Difusion/cienciaCiudadana/aurbanos/pdf/
GuiaArboles_v3.pdf

I also used Google Maps, https://www.google.es/maps, and
consulted https://www.naturalista.mx/lists/86887--
rboles-comunes-de-la-Ciudad-de-M-xico

Translator's Note

The Dream of Every Cell, a compendium of protest and praise, is the ninth poetry collection by Maricela Guerrero (Mexico City, 1977), long renowned in Mexico for her sweeping experimentalism, intellectual firepower, and playfulness. This book decries the many forces—political systems, economic avarice, linguistic and cultural hegemonies—that "classify" the value of life and ravage our planet. But it doesn't simply sound the alarm of ecological destruction. It also catalogues wonder, celebrates resistance, and explores forms of accompaniment— both within human communities and beyond them—that help us imagine other ways to inhabit the world.

The poems in this book have a breathlessness to them. They whorl around each other like tree rings. Some are written in prose, others in verse. Some read like miniature essays or especially evocative encyclopedia entries ("A single date contains 21 grams of water and vitamin C for resisting and sustaining itself in the desert"). Others feel more like lullabies, or fables ("Once upon a time there was a world in which cells dreamed only of becoming cells and this dream flowed along in vernacular tongues"). Or like overhearing someone muse aloud on the origin of a word or an idiom. Some veer in and out of scientific language; some are steeped in the simple words we often resort to in expressing love or fear ("Do we write poems to save the species?").

When I translate, which entails thinking obsessively about syntax, I think a lot about tension: how to sustain it, or break it, or complicate it, in a way that honors what the original does. In translating this book specifically, I tried to pay close attention to Guerrero's leaps and swerves among registers and sentence structures. Take this passage about cells,

> [b]ecoming words in flowing water:
> syllables, sounds, varied and unusual

combinations
of phonemes
resounding
like a group of trees:
poplars, pine groves, crop fields, jungles,
woods:
the vacant lot next door:

shared breath resounding: breath
ungasped, unanguished,
a respite millions of light years away:
your eyes,
your eyelashes,
just imagine that, Ms. Olmedo would say,
your heart expanding: springs springing forth
in hazy and possible languages in organic and
inorganic chemicals and lungs and the vacant
lot next door inhabit:
shared air:
cells dreaming of cells
morulas
aloe vera
peppermint
elm
fir and maple
wolf
we're not alone:

we
are here.

    I also returned again and again to something Guerrero once told me in conversation. In writing *El sueño de toda célula* (published in Mexico by Ediciones Antílope in 2018), she said she wanted to make poems that would feel inviting to the people she sustains intimate conversations with in her everyday life: her

parents, her children. I love this sense of hospitality in her poems. They can be read, certainly, with an eye to their palimpsestic manufacture, their agility, their rigor. At the same time, they never fail to open themselves with warmth and compassion: to invite us—any "us"—in. As I worked on my translation, I often remembered what Guerrero said about wanting her parents and children to feel welcome in these poems, and so I tried to work with my own dearest interlocutors in mind. To put it another way, I tried to translate in a key of candor and tenderness.

The Dream of Every Cell is a book that celebrates the interconnectedness of living things and encourages us to acknowledge how we're taught to perceive the world around us. Every book and every translation is an ecosystem of its own, and I'd like to thank some of the presences who accompanied this one. I'm grateful to lxs cinco antílopes en México for their solidarity and support; our wonderful editors at Cardboard House Press for welcoming the book in both languages; Johanna Schwering, Maricela's German translator, for her generous feedback, expansive conversation, and complicidad (what a special thrill to compare notes with someone who's translating the same book at the same time!); the flora and fauna of the Bosque de Chapultepec, a haven during the pandemic; and Maricela herself, for her trust and friendship throughout the experience of getting to know "los arbolitos" (as she calls this book) and planting them in new ground. We're not alone: we are here.

Robin Myers
Mexico City, November 2021

ACKNOWLEDGMENTS

Thanks to the journals that first published poems from this book in English translation: *The Literary Review* ("On Voice" and "The Language of Empire"), *Washington Square Review* ("Introductions" and "Fear"), and *Northwest Review* ("Dates" and "Breath").

Maricela Guerrero (Mexico City, 1977) is the author of nine poetry collections. *El sueño de toda célula* (Ediciones Antílope/Instituto Veracruzano de la Cultura, Mexico City, 2018) won the Clemencia Isaura Prize in 2018. Cardboard House Press published her book *Kilimanjaro*, translated by Stalina Villareal, in 2018. Guerrero has been a member of Mexico's prestigious SNCA (National System of Artists). Her work has also been translated into German, Swedish, and French.

Robin Myers (New York City, 1987) is a poet, translator, and essayist. Recent translations include *Copy* by Dolores Dorantes (Wave Books, 2022), *Another Life* by Daniel Lipara (Eulalia Books, 2021), *The Science of Departures* by Adalber Salas Hernández (Kenning Editions, 2021), *Cars on Fire* by Mónica Ramón Ríos (Open Letter Books, 2020), *The Restless Dead* by Cristina Rivera Garza (Vanderbilt University Press, 2020), and *Animals at the End of the World* by Gloria Susana Esquivel (University of Texas Press, 2020). She lives in Mexico City.

Contents

Ms. Olmedo
15 On Voice
17 Ms. Olmedo
19 Olmedo
21 Introductions
25 Taking Careful Notes
27 Creek State Park
29 The Shapes of the Leaves

Kingdom Plantae
35 Dates
39 Metabolic Reactions
43 The Birch and the Fir?
45 Rivers
47 *Aloe Barbadensis Miller*
49 Aloe Vera
51 *Mentha spicata*
53 Spearmint
55 On Methods of Collection

Wolves: Lessons In Care
59 Lessons in Care
61 It's Raining
65 *Citius altius fortius*
67 Breath
71 Challenges
73 Cells
75 Data
77 Questions
75 Fear
83 The Language of Empire
85 On Methods of Classification
87 Language

KINGDOM LINGUAE
91 Sonorousnesses
93 Hydrocarbons
95 Lungs
99 Lullaby
103 3D Map
105 Prominent
107 Excess Substances
109 Plans
111 Becomings
113 Chance
115 *Canis lupus signatus*
117 What Do You Mean in a Precise Language, Anemone?
119 Ineffective Classifications
121 Although
125 Beginnings

129 LESSONS
133 TRANSLATOR'S NOTE
136 ACKNOWLEDGMENTS
137 AUTHOR AND TRANSLATOR BIOS

Printed in the USA
CPSIA information can be obtained
at www.ICGtesting.com
JSHW022025051223
52993JS00004B/20